Estudios de Viabilidad Inmobiliaria

Problemas básicos

Estudios de Viabilidad Inmobiliaria

Problemas básicos

M.ª Manuela Carbonell Lado
Evelio Cartagena Ruiz
Emilio Orts Aragonés
Ángel Nájera Pérez

Estudios de viabilidad inmobiliaria. Problemas básicos

© M.ª Manuela Carbonell Lado
Evelio Cartagena Ruiz
Emilio Orts Aragonés
Ángel Nájera Pérez

ISBN: 978–84–9948–337–5
Depósito legal: A–1132–2010

Edita: Editorial Club Universitario. Telf.: 96 567 61 33
C/ Decano, 4 – 03690 San Vicente (Alicante)
www.ecu.fm
ecu@ecu.fm

Printed in Spain
Imprime: Imprenta Gamma. Telf.: 965 67 19 87
C/ Cottolengo, 25 – 03690 San Vicente (Alicante)
www.gamma.fm
gamma@gamma.fm

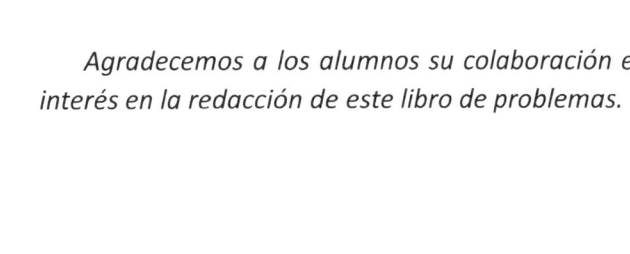

Agradecemos a los alumnos su colaboración e interés en la redacción de este libro de problemas.

Índice

1. Presentación

Vivimos un mundo tremendamente competitivo, donde las empresas compiten entre sí con márgenes de negocio muy pequeños y donde los errores en la toma de decisiones estratégicas tienen un coste muy elevado.

Así, se plantea como obligatoria la utilización de sistemas, procesos y modelos que faciliten la toma de decisiones para las empresas del sector inmobiliario, alejando al máximo las apreciaciones personales y buscando la objetivización de las decisiones mediante la obtención de datos homogéneos, coherentes y realistas.

Esta obra nace con el propósito de servir como introducción y dar una primera visión de los conceptos básicos para poder realizar un **Estudio de Viabilidad para operaciones inmobiliarias**, de forma que sirva como puerta de entrada hacia modelos de cálculo más complejos.

Así, este trabajo está orientado hacia los alumnos de carreras técnicas que inician su andadura en el mundo del análisis de la viabilidad de los proyectos y también para los profesionales que desean adquirir los conocimientos básicos necesarios para poder analizar la viabilidad de un proyecto, determinar los criterios de selección de los mismos en caso de disponer de diferentes opciones y de esta forma ser capaces de justificar objetivamente si un negocio inmobiliario es interesante acometerlo o por el contrario no lo es.

Hemos desarrollado esta publicación siguiendo un modelo eminentemente práctico, si bien en los primeros capítulos del mismo desarrollamos el marco teórico, así como los conocimientos mínimos que son necesarios para poder ejecutar, comprender y por ende obtener el máximo provecho de los problemas que posteriormente se plantean.

Para finalizar esta introducción y a modo aclaratorio es necesario decir que los problemas planteados en esta publicación están basados en exámenes que se han planteado en la asignatura de "Ampliación de Organización, programación y control de obras" de la titulación de Arquitectura Técnica y del Grado de Ingeniero de Edificación impartido por la Escuela Politécnica Superior de Alicante, la cual se encuentra adscrita al Departamento de Ingeniería y Gestión de Edificación.

Los autores

2. Estudios de Viabilidad

a. ¿Qué son y para qué sirven?

Un estudio de viabilidad, también conocido como *business case* o *feasibility study*, sirve para poder determinar el *atractivo* de un posible negocio inmobiliario, es decir, debe permitir conocer si el acometer una inversión es o no interesante y rentable para el inversor.

También para, en el caso de disponer de distintas opciones de inversión, poder seleccionar cuál es la que más le interesa a la empresa según sus necesidades y perfil inversor.

Para ello, no solo es necesario calcular el beneficio monetario o rentabilidad que prevé obtener si acometiese el proyecto, sino que también se deben analizar diferentes aspectos que podrían tener una importancia capital para alcanzar el éxito final del mismo, como puede ser su situación urbanística, jurídica, sus posibilidades de comercialización, etc.

Así, podríamos afirmar que un proyecto es viable —interesante— cuando además de permitir al promotor o propietario ganar dinero y obtener una rentabilidad interesante para él, también lo es en el resto de aspectos que le pudiesen afectar, en concreto y en especial en lo relativo a los riesgos que asume al decidir la inversión.

Riesgos / beneficio

De esta forma, vemos que el entorno en el que se prevé se va a desarrollar el futuro proyecto es muy importante, a veces más que él mismo, ya que éste se puede ver afectado por múltiples circunstancias, que se deben tener, dentro de lo posible, en consideración.

The British Standard on Project Management (EN BS 6079-3:2000) define riesgo como "incertidumbre inherente a los planes (contingencia), que puede afectar a la consecución de los objetivos del negocio o proyecto". Porter1, Healey and Perry and Hayes lo han definido como la exposición a una pérdida o ganancia económica, relacionado con el proceso constructivo.

Así la gestión efectiva de estos riesgos, con el objetivo de valorarlos y eliminarlos en lo posible, así como la explotación de los riesgos con efecto positivo, es decir, de las oportunidades, es lo que denominamos Gestión de los riesgos (*Risk Management*). Para ampliar conocimientos sobre cómo realizar estas tareas es interesante consultar la guía para la gestión de proyectos PMBOK (*A Guide to the Project Management Body of Kwoledge*, 2008) editada por PMI (*Project Management Institute*).

Los riesgos están muy relacionados por la definición que del proyecto se tenga en el momento del desarrollo del estudio de viabilidad, tal y como se indica en el libro blanco de la Dirección Integrada de Proyectos, editado por AEDIP (Asociación Española de Dirección Integrada de Proyectos). De forma que son más elevados en las fases tempranas del proyecto y van disminuyendo conforme éste se va desarrollando.

Llegados a este punto, debemos aclarar los conceptos de Proyecto o Proyecto Técnico; cuando estamos trabajando en el entorno de los Estudios de Viabilidad (EV), el concepto de Proyecto, abarca el conjunto de operaciones necesarias para desarrollar un posible negocio, es decir, tanto las tareas de planificación, como las comerciales, diseño de estrategias... y dentro de él tendríamos el conjunto de los Proyectos Técnicos necesarios para poder ejecutar la obra de construcción.

Así, cuando decimos que un proyecto está más o menos definido, nos referimos a su desarrollo en el concepto más amplio de la palabra.

De todas formas, no podemos olvidar que en los proyectos inmobiliarios el Proyecto Técnico cumple una función muy importante, que es la de plasmar el futuro edificio que se va a construir en documentos que permitan su construcción, por lo que es necesario que éstos sean lo más precisos posible y que definan con rigurosidad todos los aspectos técnicos del mismo.

La relación entre los riesgos del proyecto y el beneficio previsto obtener es directa; es decir, si un proyecto tiene un alto riesgo en su desarrollo, es obvio que si se decide acometerlo, se esperará un beneficio también elevado. De la misma forma, si el proyecto tiene garantizado en gran medida su éxito final, se podrían aceptar resultados menores.

Por tanto, la elección de un proyecto dependerá también del tipo de promotor o inversor que tenga que acometerlo; desde *el tomador de riesgo*, que aceptaría incurrir en grandes riesgos con la esperanza de obtener grandes resultados, hasta el que huye de los mismos, que tan solo aceptaría proyectos con poco riesgo, pero eso sí, con beneficios menores.

Utilidad de los EV

Como hemos indicado un EV sirve para seleccionar proyectos, de forma que si un promotor o inversor quiere desarrollar un negocio inmobiliario, seguro que dispondrá de diferentes opciones de compra de solares en el mercado, y el definir unos parámetros homogéneos y comunes a todos le ayudará a tomar una decisión fundamentada sobre cuál sería el más adecuado a sus necesidades y perfil de inversión.

Pero, además, este tipo de estudios también se puede usar una vez se dispone del solar, ya que en éste se podrán realizar múltiples proyectos (siempre dentro de las limitaciones de sus características urbanísticas), como podría ser la definición del número de dormitorios, calidades...

Conocimiento del Proyecto

Para poder realizar un buen EV es imprescindible conocer al máximo las características y el entorno en el que se va a desarrollar el mismo, y así poder determinar sus condicionantes principales, desde las posibles servidumbres y afecciones hasta, quizás lo más importante, la viabilidad comercial del mismo, determinando los posibles precios de venta del producto inmobiliario que se prevé ejecutar y así valorar los ingresos que nutrirán al proyecto. Además no solo es importante conocer cuál será el precio, sino también se debería determinar el volumen de compradores al que se podría dirigir el mismo.

Así, es usual que se utilicen herramientas como los Estudios de Mercado sobre las zonas de afección del proyecto o los Estudios de la Demanda posible, más interesantes y costosos, para llegar a tener una idea lo más aproximada posible de estos parámetros de mercado, que van a ayudar además a definir con mayor precisión comercial el futuro proyecto inmobiliario, ya que no hay que olvidar que, como dicen los promotores profesionales tradicionales, *se debe construir lo que se vende y no vender lo que se construye*. El éxito estará en definir el producto que realmente se necesita y al precio adecuado.

De estas últimas líneas podemos extraer la importancia que en un estudio de viabilidad tiene el aspecto comercial, clave a la hora de determinar no solo los futuros ingresos posibles, sino también el volumen del negocio e incluso la definición del producto inmobiliario más adecuado.

Hablamos del futuro

Es evidente, por tanto, que estamos hablando del "futuro", es decir, a la hora de desarrollar un EV, estamos trabajando siempre con hipótesis; suposiciones sobre lo que creemos que va a ocurrir en un futuro.

Claramente, podemos ver la dificultad que esto entraña, y la gran cantidad de factores que pueden afectar al proyecto. De ahí la importancia que tiene que cada una de las hipótesis que se planteen en un EV estén contrastadas y basadas en datos lo más reales posibles.

Así, uno de los métodos más usados y eficaces es basar las estimaciones sobre proyectos similares desarrollados anteriormente, de forma que a partir de ellos, modificando los ratios obtenidos anteriormente y según las particularidades del nuevo proyecto y de las posibles afecciones del entorno, se obtengan los resultados más afinados posibles.

También es muy interesante el planteamiento de "escenarios", es decir, realizar el EV bajo diferentes premisas, de forma que podamos tener una visión más amplia y enriquecida de los resultados que podría tener el proyecto.

Como mínimo se debería realizar un EV con la situación más probable basada en las hipótesis que consideremos más posibles, otro con la más favorable pensando en un posible incremento de los ingresos y reducción de costes y finalmente otro con una situación negativa en un marco de bajada de ingresos (o de no poder realizar las ventas) y de incremento de costes.

De esta forma se podrían plantear, desde los primeros momentos del proyecto, posibles planes alternativos o de contingencia por si las hipótesis más probables resultan erróneas y además le permite al inversor calibrar mejor sus riesgos, dentro siempre de un entorno cambiante.

Todo esto nos permite reducir los riesgos del proyecto y por lo tanto garantizar en la medida de lo posible que los resultados que se plantean en el EV se puedan cumplir.

¿Es necesario realizar estudios de viabilidad en el sector inmobiliario actual?

Aunque parezca una pregunta retórica, una vez expuestos los puntos anteriores, hay que resaltar que el sector inmobiliario ha sufrido hasta la fecha diferentes ciclos, pasando por momentos expansivos de gran crecimiento y dinamismo, donde la principal preocupación de los promotores era la adquisición de suelo, *fuese como fuese*, ya que en este tipo de mercados la demanda supera a la oferta y es primordial disponer de suelo, *materia prima* para transformar en productos inmobiliarios vendibles.

En estos momentos, la rapidez en la decisión de la compra marcaba la forma de proceder a la hora de validar la viabilidad o no de un proyecto inmobiliario, de forma que en muchos casos no se llega a realizar más que un somero estudio basado más en corazonadas que en datos reales y fiables, lo que crea no pocos errores y fracasos en los proyectos.

Pero también el sector ha vivido y vive momentos de contracción donde la demanda es muy selectiva y escasa y los proyectos a construir deben estar realmente muy bien ajustados a las necesidades de la demanda para que puedan tener un desarrollo exitoso.

Así, tanto en un caso como en otro, el análisis y conocimiento de todos los aspectos y parámetros que potencialmente puedan afectar al proyecto se muestra como fundamental, resultando imprescindible desarrollar un EV más o menos detallado, basado en la realidad y el sentido común, y que plasme en ratios y datos objetivos los resultados esperados del mismo.

b. Contenidos de un Estudio de Viabilidad

Como hemos indicado en el punto anterior, un EV no solo es el cálculo del beneficio esperado, sino mucho más, debe analizar como mínimo los siguientes aspectos:

♦ **Viabilidad Comercial:** Hemos desarrollado brevemente este campo en el punto anterior, y es importante recalcar la máxima importancia que tiene el determinar correctamente aspectos como:
  - Precios máximos de venta.
  - Ritmos esperados de venta.
  - Tipologías más deseadas por el comprador.
  - Volumen de compradores.
  - Tipo de comprador (*target group*).
  - Memoria de calidades.

♦ **Viabilidad Técnica:** Determinar la *constructibilidad* del proyecto, es decir, analizar los posibles problemas de ejecución que se pudiesen encontrar en el solar (por ejemplo desniveles excesivos, características del suelo...) y que por su coste pudiesen afectar negativamente a los resultados del proyecto.

♦ **Viabilidad Urbanística:** Consistente en analizar los aspectos urbanísticos del posible solar o parcela, de forma que sea factible la implantación del proyecto. Así se deberá consultar la normativa que le afecte, especialmente en lo relativo a la edificabilidad máxima del mismo y las tipologías posibles. Además deberemos conocer aspectos como las alturas máximas, ocupación de parcela, retranqueos, etc. Siempre es interesante confeccionar unos esquemas básicos de cómo se podría encajar la promoción en el solar propuesto.

♦ **Viabilidad Jurídica:** De la misma forma es muy importante asegurar que el terreno estudiado no esté afecto por aspectos legales de propiedad, servidumbres, etc., que puedan afectarle negativamente.

♦ **Viabilidad Financiera y Económica:** En este apartado se deberán analizar los resultados económicos esperados del proyecto, así como las posibilidades de financiación del mismo en caso de requerir financiación externa.

◆ **Otros aspectos:** También se deberá analizar cualquier situación que pueda afectar al proyecto, aunque no esté incluida en los campos anteriormente citados.

Contenidos

Por lo tanto un EV deberá contener toda la información que justifique los análisis realizados y que respalden las hipótesis sobre las que se basa.

Una estructura básica de un EV sería la siguiente:

◆ **Documentación gráfica.** Con fotografías y planos que localicen y definan correctamente el solar.

◆ **Justificación del solar/parcela elegido.** Indicando por qué se ha elegido una determinada localidad y un emplazamiento concreto.

◆ **Estudio de Viabilidad económico.** Desarrollando en términos económicos las hipótesis del estudio.

◆ **Justificación de los ingresos.** Estudios de mercado / demanda.

◆ **Justificación de los gastos.**

◆ **Análisis DAFO / CAME.** Desarrollar un análisis tanto desde el punto de vista interno y externo de las debilidades, amenazas, fortalezas y oportunidades del proyecto, así como las acciones previstas para corregir las debilidades, anular las amenazas, mantener la fortalezas y explotar las oportunidades.

◆ **Estudio de los riesgos.**

◆ **Hoja resumen con los datos más importantes.**

◆ **Conclusiones y recomendaciones.**

◆ **Anexos.** Donde incluir cualquier documento o información que se considere oportuno.

c. Métodos de selección de proyectos

Existen diversos sistemas y modelos para estimar el atractivo de un proyecto, nosotros los clasificaremos en dos grupos principales; los métodos estáticos y los dinámicos.

Es importante indicar que no hay métodos mejores que otros, sino que en cada momento del proyecto y para cada promotor habrá un sistema más adecuado que otro.

De la misma forma para poder elegir entre dos o más proyectos es necesario aplicar los mismos criterios y métodos a todos, para que los resultados sean homogéneos y comparables entre sí.

Métodos estáticos

Se caracterizan en que para su cálculo no se tiene en cuenta la duración del proyecto ni cuándo se producen los ingresos y los gastos en el proyecto.

Son métodos sencillos y rápidos en su utilización, y sirven para poder comparar diferentes proyectos en su fase inicial. Los más comúnmente usados son:

◆ **Cálculo del beneficio (B.º)**

Consistente en la diferencia del total de ingresos menos los gastos previstos.

B.º = I (ingresos) – G (gastos)

En puntos anteriores hemos avanzado cómo calcular los ingresos. En el caso de los gastos, y dependiendo del conocimiento del proyecto y el momento en el que se realice el EV, la precisión de los mismos será mayor o menor. En este trabajo, nos centramos en las fases iniciales del proyecto y por tanto la técnica de estimación de gastos que vamos a utilizar será la paramétrica a través de ratios, es decir, a partir de la experiencia de proyectos anteriores obtenemos datos que nos permiten de una forma sencilla estimar los costes del proyecto estudiado (por ejemplo los costes de construcción de viviendas se estiman en 700 €/m^{2}c).

♦ **Cálculo de la Rentabilidad del Proyecto sobre costes**

La valoración de un proyecto tan solo con el beneficio monetario previsto a obtener tiene una limitación muy importante, que es que no se tiene en cuenta ni el volumen del proyecto ni la inversión necesaria para conseguir ese beneficio. Por tanto es necesario relacionar el beneficio previsto con el tamaño del proyecto, en este caso con el total de gastos previstos.

$$Rentabilidad\ \frac{s}{Gastos} - \frac{Beneficio}{Gastos}$$

Obteniendo un resultado en %.

♦ **Cálculo de la Rentabilidad del Proyecto sobre ventas**

De la misma forma en que se compara el beneficio previsto con el total de gastos, también es habitual compararlo con el total de ingresos.

$$Rentabilidad\ \frac{s}{Ingresos} - \frac{Beneficio}{Ingresos}$$

♦ **ROI: *Return On Investment***

A la hora de comparar proyectos, a igualdad de beneficio y rentabilidad, es importante conocer qué inversión de capital propio necesitará el promotor para acometer el mismo.

Así, si acompañamos el beneficio previsto con la inversión necesaria para acometer el proyecto, el promotor o inversor podrá comparar estos resultados con otros tipos e inversión (productos financieros...) que se le presenten (coste de oportunidad).

El ROI permite este cálculo y nos indica el retorno de la inversión, es decir, lo que obtenemos de cada unidad monetaria invertida.

Para acometer los gastos del proyecto el promotor podrá hacerse cargo de la totalidad de los mismos con capital propio, o buscar financiación externa, usualmente a través de entidades financieras (Bancos y Cajas de Ahorros).

Si se opta por la primera opción, la inversión a realizar el promotor será la totalidad de los gastos, pero si opta por buscar financiación externa, la inversión será, en este caso, la diferencia entre el total de los gastos menos la financiación externa.

$$ROI \ = \ \frac{\text{Beneficio}}{\text{Inversión}}$$

Métodos dinámicos

Al contrario que los estáticos, en este tipo de métodos, se tiene en cuenta cuándo se producen los ingresos y gastos y la duración total prevista del proyecto.

Son métodos más precisos e intentan acercarse más hacia la realidad prevista del proyecto futuro, ya que se plasma en un calendario cómo se van a producir cada uno de los movimientos contables del mismo.

Así, para realizar un EV dinámico correcto es necesario estudiar a fondo el proyecto (al igual que con los métodos dinámicos) pero además se debe desarrollar un anticipo del *Master Plan* o Plan de Proyecto de la promoción en el cual se defina cuál va a ser la estrategia a seguir, así como evolucionar más las hipótesis de partida, como puede ser la definición de los ritmos de ventas o la forma en cómo se prevé se realizarán los pagos.

Estos sistemas son más laboriosos que los estáticos, pero los resultados que nos ofrecen son también más completos permitiendo obtener los flujos de caja o *cashflow* de los ingresos y gastos en cada momento del proyecto, así como calcular los gastos financieros, la tesorería necesaria y la inversión necesaria a aportar por el promotor o inversor en cada momento del mismo.

Con estos métodos se valora más la eficiencia de los proyectos, de forma que para un mismo beneficio, los proyectos con mejores resultados serán los que se ejecuten en menor tiempo.

Los métodos más empleados son:

♦ **Valor Actualizado Neto (VAN)**

Es un método que actualiza los diferentes valores del flujo de caja (*cashflow*) de un proyecto al momento actual, bajo una determinada tasa de descuento.

Esto es así ya que las unidades monetarias no valen lo mismo a día de hoy que dentro 5 años, ya que se ven afectadas por el coste del dinero, y por lo tanto para poder comparar diferentes proyectos con distintas duraciones, es también necesario homogeneizar los distintos flujos de caja. Esto es lo que se consigue con este método.

La fórmula a utilizar es la siguiente:

$$VAN = -Io + \frac{Q_1}{(1+K)} + \frac{Q_2}{(1+K)^2} + \cdots + \frac{Q_n}{(1+K)^n}$$

Donde:

- I_0 es la inversión inicial necesaria para poner en marcha el proyecto. En los proyectos inmobiliarios el primer gasto suele ser el solar.

- Q_n son los flujos de caja en cada periodo, es decir, la diferencia entre los ingresos y gastos.

- **K** es el coste de oportunidad, tasa de descuento o valor de rentabilidad mínima según el promotor para decidirse a acometer el proyecto.

Mediante el cálculo del VAN, podemos desarrollar dos tipos de criterios de selección de proyectos:

1. Si el valor de K es el de la rentabilidad mínima aceptable para acometer un proyecto según los criterios de rentabilidad de la compañía, los valores positivos de VAN indicarán que los proyectos superan este umbral y si es negativo no lo hacen y por lo tanto no serán atractivos bajo este criterio de selección. Los proyectos con mayor valor de VAN serán más interesantes.

2. En caso de que el valor de K sea el del coste del dinero (coste de financiación), el resultado que arrojará el VAN indicará el beneficio previsto en euros actualizado a día de hoy. De forma que el proyecto que tenga un mayor VAN será más interesante.

♦ **Tasa Interna de Retorno (TIR)**

Es uno de los criterios de selección más usuales, y consiste en calcular el valor de K que hace que el valor del VAN sea cero.

Para su cálculo se debe proceder a realizar tanteos sobre la fórmula del VAN de forma que se vayan acotando las soluciones. Es necesario hacerlo así, ya que se trabaja con una ecuación de n incógnitas que no podemos solucionar. Así, el proyecto más interesante será el que tenga una TIR superior.

Al igual que en el cálculo del VAN, hay que tener en cuenta las condiciones en las que se ha realizado el cálculo de TIR, ya que en el *cash flow* se puede no haber incluido la financiación. De haberlo hecho estaríamos desarrollando el proyecto de inversión. En este trabajo, optamos por realizar los EV bajo esta premisa, ya que pensamos que se enriquecen los resultados.

De forma que para poder comparar diferentes TIR debemos conocer si en el cálculo se incluye la financiación o no. Del mismo modo hay que tener en cuenta si se han incluido los impuestos (Impuesto de Sociedades IS) o por el contrario a los resultados finales se les deberá descontar.

♦ *Pay back*

Otro dato importante a la hora de comparar proyectos es el conocer cuándo se va a recuperar la inversión realizada. Este es el concepto que desarrolla el *Pay back*.

Así, a igualdad de condiciones, los proyectos con los que antes se recupere la inversión serán más interesantes.

Conclusiones respecto a la utilización de los distintos métodos de selección de proyectos

Para poder determinar cuál es la opción de proyecto más interesante para un promotor, no es suficiente con utilizar un solo método o parámetro, sino que el conjunto de varios es lo que da la imagen más precisa del mismo, así se deben usar cuantos más métodos sea posible.

Finalmente, conviene indicar que no hay garantía de que el proyecto seleccionado por medio de cualquier método objetivo de los indicados anteriormente vaya a tener el éxito garantizado por el mero hecho de que el resultado mostrado sea positivo.

d. Metodología y fases en el desarrollo de un EV

El procedimiento de adquisición o compra de un solar suele pasar por diferentes fases, desde el simple *tanteo* de los posibles resultados para obtener un orden de magnitud, hasta el desarrollo completo de un estudio de viabilidad dinámico basado en un *Master Plan* más o menos desarrollado.

Es evidente que en cada situación el promotor o inversor usará el método que considere más oportuno, pero podríamos plantear un itinerario que se debería seguir para la adquisición de un solar, en términos metodológicos:

1. Tanteo previo: Con unos datos muy básicos (edificabilidad, tipología...) y con la experiencia del promotor en el mercado, utilizar fórmulas paramétricas que muestren si el solar ofrecido puede ser interesante.

2. En caso de que sea así, el siguiente paso sería desarrollar un estudio de viabilidad estático, comprobando los parámetros urbanísticos del solar, así como su situación jurídica y confeccionando unos esquemas básicos del encaje del posible producto inmobiliario. De la misma forma, también será conveniente realizar un estudio de mercado en la zona de atención, para determinar los posibles precios de venta.

    Los parámetros a obtener en esta fase serían el beneficio y la rentabilidad.

3. Finalmente, si el proyecto también supera la fase anterior, pasaríamos a desarrollar un estudio de viabilidad dinámico, basado en un Plan de Proyecto en el que se defina en el tiempo las tareas que se van a realizar en el proyecto.

    Los parámetros a obtener en este caso serían el TIR, el *pay back* y la inversión necesaria por el promotor, así como una estimación de la posible estructura de financiación del mismo.

e. Monitorización y mejora del sistema

Si la opción de compra de solar llega a buen fin, el siguiente paso sería desarrollar el proyecto y llevarlo a la práctica. Esta fase es muy importante, ya que tendríamos que comprobar que las hipótesis definidas en el EV han sido más o menos reales.

Si no se hace el ejercicio de comprobación de lo que está ocurriendo y compararlo con lo planificado (monitorización), se pierde una información muy importante, ya que en este caso desconoceríamos si los planteamientos realizados se ajustan a la realidad y por lo tanto el EV es correcto y sirve para la toma de decisiones.

Así, recopilando la información generada en el desarrollo del proyecto y analizándola, lo que se denomina como lecciones aprendidas, podríamos hacer diferentes acciones:

- Evitar las cosas que se han hecho mal en los futuros proyectos.

- Repetir lo que ha salido bien.

- Afinar y ajustar los parámetros y ratios de producción de las diferentes tareas, de forma que en los siguientes EV las estimaciones serán más ajustadas a la realidad.

Problemas

Problema 1

Un promotor ha adquirido, a un particular, un solar con el objetivo de desarrollar una promoción inmobiliaria según la modalidad de **alquiler con opción a compra**. Es decir, alquilará las unidades inmobiliarias durante unos años y se pactará con los clientes que al acabar este periodo, se realizará la compra de las unidades alquiladas.

El Departamento Técnico ha analizado el proyecto obteniendo los siguientes datos:

- Se pueden construir **50 viv.** de 2 dormitorios de **70 m²c** cada una.

- Se pueden construir **100 plazas de garaje** con una repercusión de **25m²c** por unidad.

- La relación de superficie útil y construida es de **0,80 m²u/m²c.**

- El **coste de construcción de las viviendas es de 600 €/m²c, de 300€/m²c las plazas de garaje** y **de 300 €/m²c de los 400 m²c** de urbanización que hay que ejecutar para completar la promoción.

- El precio del **solar repercute en 12.000 €/vivienda** (sin incluir impuestos).

El Departamento comercial ha realizado un estudio de mercado con el objeto de obtener los parámetros adecuados para que sea viable desde el punto de vista comercial la promoción, a saber:

- Los precios de venta sobre los que calcular las cuotas de alquiler son los siguientes:

- ○ **Precio viviendas 2.000 €/m²u.**

- ○ **Precio plazas de garaje 12.000 €/ud.**

- Las cuotas de alquiler se calcularán para obtener una rentabilidad **anual del 5% sobre los precios de venta** de las unidades que se alquilan.

- Se **estima que se alquilarán todas las viviendas y el 50% de las plazas de garaje**. Las plazas que no se alquilan se venderán durante el año siguiente a la finalización de las obras.

- Con la modalidad de alquiler con opción a compra, se realizará la compra venta de todos los elementos alquilados a los **10 años**. El precio de dichas unidades se incrementará un **2% anualmente.** Para calcular el precio final se deberá descontar el **50% de las cuotas de alquiler pagadas por los inquilinos.**

- Se estiman unos gastos de gestión anual de las unidades alquiladas de 300€/viv./año y a los 5 años desde el inicio del alquiler se deberá realizar una **inversión de 30.000 €** en concepto de mantenimiento de las viviendas.

- Se estima que se conseguirá una ocupación del 100% de los elementos alquilables.

- Tanto los ingresos por alquiler como los gastos de gestión se incrementarán anualmente según el **IPC** que estimamos será del **4,5%.**

El Departamento Financiero ha realizado unas gestiones con una entidad financiera y le indica que las condiciones para la concesión del préstamo serán las siguientes:

- Interés **6% TAE.**

- Comisión de apertura **1,50%.**

- Se financiará el **60% de los ingresos teóricos inicialmente previstos**, y los facilitarían de la siguiente forma: **30% a los 6 meses** del inicio de las obras, **50% a los 12 meses** del inicio de las obras y el **20% restante a los**

18 meses del inicio de la obras. La duración de las mismas se estima que será de **24 meses**.

- Dicha entidad financiera nos ofrece que solo paguemos los intereses generados mediante liquidaciones anuales y que se produzca la **amortización del 50% de la deuda a los 5 años** desde la primera recepción del dinero por el promotor. Se liquidará finalmente la totalidad del préstamo cuando se escrituren las viviendas.

Se pide:

PREGUNTA 1: Calcular cuáles serán los ingresos y gastos anuales hasta que se realicen todas las ventas y los compradores ejerzan la opción de compra (estimamos que lo harán todos).

PREGUNTA 2: ¿Cuánto habrá ganado el promotor?, ¿crees que es interesante la operación?

PREGUNTA 3: Plantea las fórmulas del VAN y la TIR (no es necesario realizar las operaciones matemáticas).

Solución Problema 1

Esquema temporal de la operación

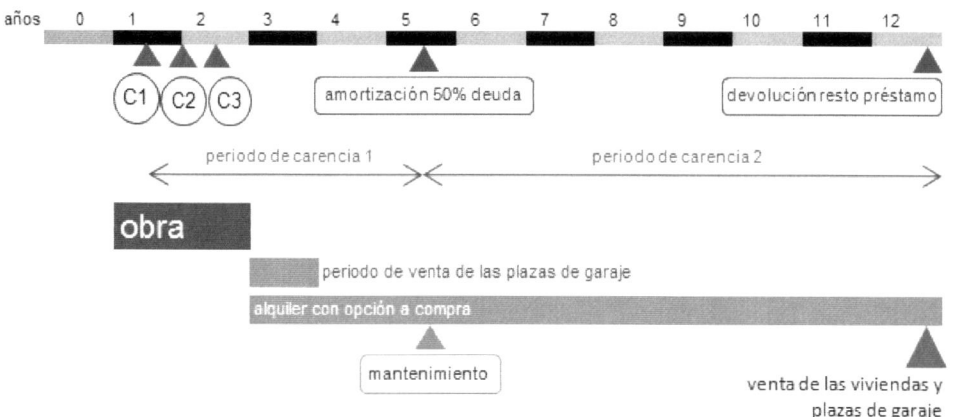

Identificación de las unidades de ingresos y gastos

Ingresos:

- Venta de plazas de garaje.

  - 50% vendidas al finalizar la obra.

  - 50% vendidas al final del periodo de alquiler.

- Venta de viviendas al finalizar el periodo de alquiler.

- Rentas por alquiler.

  - Del 50% de las plazas de garaje.

  - De la totalidad de las viviendas.

- Préstamo.

Gastos:

Intrínsecos a la promoción.

- Costes de Construcción.

- Costes del Solar.

- Honorarios Técnicos.

- Gastos Fiscales.

- Gastos de Notaría y Registro.

- Gastos Generales de la empresa promotora.

- Acometidas.

- Seguros.

- OCT.

- Laboratorios de control.

- Gastos Financieros.

Gastos de explotación:

- Gestión de los alquileres.

- Gastos de mantenimiento.

Cálculo de las unidades contables.

INGRESOS

- Se calcula el total de los **ingresos producidos por las ventas** (se necesita este dato ya que el banco financia el 60% de los ingresos totales previstos inicialmente).

PV garajes = 100 ud x 12.000 €/ud. = 1.200.000 €

PV viviendas = 50 ud. x 2.000 m^2u x 70 m^2c/viv. x 0,80 m^2u/m2c = 5.600.000 €[1]

---

[1] El precio de venta está referido a m^2 útiles, por lo que es necesario transformar los m^2c mediante el coeficiente que nos facilita el enunciado.

Total ingresos iniciales previstos = 1.200.000 € + 5.600.000 € = **6.700.000 €**

Nota:

Los ingresos finales de las viviendas y las plazas de garaje se incrementarán un 2% anualmente hasta la fecha en que se ejecute el contrato de compra venta. A este precio se le descontará el 50% de las rentas ya pagadas. El cálculo de estas cantidades se realizará más fácilmente en la tabla resumen.

- **Ingresos por alquiler**. Cálculo de las rentas. Se pide que las cuotas sean tales que se obtenga un 5% de rentabilidad anual sobre los precios de venta iniciales.

Renta plazas de garaje = 12.000 € x 5% = 600 €/ud./año = 50 €/ud./mes

Renta viviendas = 112.000 €[2] x 5% = 5.600 €/ud./año = 466,67 €/ud./mes

Los ingresos por alquiler del primer año serán:

IA = 50 viv. x 5.600 €/viv./año + 50 plazas garaje x 600 €/plaza/año = **310.000 €**

Las rentas se irán incrementando con un 4,5% anual según los datos del enunciado.

- **Financiación externa**

La entidad financiera aportará el 60% de los ingresos previstos inicialmente.

Préstamo = 6.700.000€ x 60% = **4.080.000 €**

Se realizarán tres aportaciones:

C1: 30% = 1.224.000 €

C2: 50% = 2.040.000 €

C3: 20% = 816.000 €

---

[2] Es el precio unitario por vivienda (5.600.000 € / 50 viviendas).

GASTOS

- **Costes de construcción (CC)**

CC viv = 50 viv x 70 m^{2}c/viv. x 600 €/m^{2}c = 2.100.000 €

CC garajes = 100 ud x 25 m^{2}c/ud. x 300 €/m^{2}c = 750.000 €

CC urbanización = 400 m^{2}c x 300 €/m^{2}c = 120.000 €

TOTAL CC = 2.970.000 €

PEM = 2.970.000 € / 1,19 = 2.495.798,32 €[3]

- **Coste del solar (CS)**

Según el enunciado el solar tiene una repercusión de 12.000 € por vivienda.

PS = 50 viv. x 12.000 € = 600.000 €

Cálculo de los impuestos de la compra. El vendedor es un particular.

Is = 600.000 € x 7% (ITP AJD) = 42.000 €

TOTAL CS = 642.000 €

- **Honorarios técnicos (HT)[4]**

Honorarios de Arquitecto (HT arq)

Proyecto Básico	30% del 7% del PEM	0,30 x 0,07 x 2.495.798,32 52.412,76 €
Proyecto de Ejecución	40% del 7% del PEM	69.882,65 €
Dirección de obra	30% del 7% del PEM	52.412,76 €
TOTAL		**174.705,88 €**

---

[3] Es necesario calcular el Presupuesto de Ejecución Material (PEM) ya que será necesario para el cálculo parametrizado de varios de los gastos posteriores. Se estima que los GG y el BI del constructor asciende a un 19%.

[4] Los ratios utilizados para el cálculo de los honorarios son orientativos y obtenidos de la experiencia.

Honorarios de Arquitecto Técnico (HT arq. téc.)

Dirección de Ejecución	Ídem DO Arquitecto	0,30 x 0,07x 2.495.798,32 52.412,76 €
Control de Calidad	1% del PEM	24.957,98 €
Seg. y Salud Fase Ej.	2% del PEM	49.915,97 €
TOTAL		**127.285,71 €**

Honorarios Ingenieros

Proyecto y Dirección de Obra	1% del PEM	24.957,98 €
TOTAL		**24.957,98 €**

TOTAL HT = 326.949,58 €

- **Resto de Gastos**

Debido a la mecánica repetitiva de su cálculo, se agrupan aquí el resto de gastos de promoción a excepción de los financieros.[5]

Gastos Fiscales (GF)	4% del PEM	99.831,93 €
Notaría y Registro (NR)	1% de los CC	29.700,00 €
Gastos Generales (GG)	4% de los CC	118.800,00 €
Acometidas (AC)	1% del PEM	24.957,98 €
Seguros (SG)	1% del PEM	24.957,98 €
OCT (OCT)	1% del PEM	24.957,98 €
Laboratorios control (LC)	1% de los CC	29.700,00 €

TOTAL RESTO DE GASTOS = 352.905,88 €

- **Gastos Financieros (GF)**

Se componen por los intereses del capital prestado, los gastos de tasación y las comisiones.

---

[5] Ídem nota 4.

COSTE TASACIÓN = 50 viviendas x 72 €/ud[6] = 3.600 €

COMISIONES (1,5%)[7] = 4.080.000 € x 1,5% = 61.200 €

CÁLCULO DE INTERESES

Utilizamos la siguiente fórmula

i = K x TAE x T

donde:

K es el capital pendiente de pago (préstamo vivo).

TAE[8] (Tasa Anual Equivalente) es el precio que tenemos que pagar a la entidad financiera.

T es el tiempo que se ha tenido el dinero prestado.

El cálculo se realiza aplicando la fórmula anterior y teniendo en cuenta cuándo se efectúan los aportes económicos. Así mismo el precio que nos pide la entidad financiera es del 6% TAE, según aparece en el enunciado.

Ejemplo

Cálculo interés año 1

$$i = 1.224.000 \text{ € } x \ 6\% \ TAE \ x \ \frac{6}{12} = 36.720 \text{ €}$$

---

[6] El coste de tasación es una estimación y en él se incluye la tasación de la plaza de garaje (no tenemos en cuenta el coste de tasación de las plazas de garaje no vinculadas a ninguna vivienda por su poco impacto en el estudio).

[7] Este coste es una estimación y se calcula sobre el importe total del préstamo concedido.

[8] En la TAE se incluyen todos los gastos de gestión y mantenimiento que tuviese el préstamo, así como las comisiones que el cliente no puede evitar (apertura). Unifica los posibles diferentes tipos de interés que se pudiesen encontrar en el periodo de un año, de forma que el cliente conozca con exactitud el coste financiero al que incurrirá. Si los periodos no son anuales, se debe calcular este parámetro ajustándolo a los nuevos periodos (meses, trimestres, semestres...).

$$i = K \ x \ TAE \ x \ \frac{\text{n.º meses}}{12}$$

año		préstamo vivo	duración		intereses
1	C1	1.224.000,00 €	6		36.720,00 €
2		1.224.000,00 €	12	73.440,00 €	
	C2	2.040.000,00 €	12	122.400,00 €	
	C3	816.000,00 €	6	24.480,00 €	220.320,00 €
3		4.080.000,00 €			244.800,00 €
4		4.080.000,00 €			244.800,00 €
5		4.080.000,00 €	6	122.400,00 €	
		2.040.000,00 €	6	61.200,00 €	183.600,00 €
6		2.040.000,00 €			122.400,00 €
7		2.040.000,00 €			122.400,00 €
8		2.040.000,00 €			122.400,00 €
9		2.040.000,00 €			122.400,00 €
10		2.040.000,00 €			122.400,00 €
11		2.040.000,00 €			122.400,00 €
12		2.040.000,00 €			122.400,00 €
					1.787.040,00 €

TOTAL GF = 1.851.840 €

Tabla resumen

Una vez obtenidos todos los datos, se procede a traspasarlos a una tabla donde se deben colocar según el momento (año) en que se han producido.

año	ingresos				total ingresos
	préstamo	alquiler	venta		
			plazas g inicial	viviendas + plazas	
0					
1	3.264.000				3.264.000
2	816.000				816.000
3		310.000	600.000		910.000
4		323.950			323.950
5		338.528			338.528
6		353.761			353.761
7		369.681			369.681
8		386.316			386.316
9		403.701			403.701
10		421.867			421.867
11		440.851			440.851
12		460.689		5.653.093	6.113.782
	4.080.000	3.809.345	600.000	5.653.093	14.142.438

Donde:

- El valor del alquiler inicial se va actualizando cada año un 4,5% por la subida del IPC, según se indica en el enunciado.

- El precio de venta final de las viviendas, se debe actualizar cada año un 2% y se debe descontar el 50% de las rentas pagadas de alquiler.

PV final = [PV viv. i + PV garajes i (50%)] x (1 + revaloración) $^{\text{años de alquiler}}$ − 50% rentas de alquiler pagadas

PV final = [(5.600.000 € + 600.000 €) x (1 + 0,02)^{10}] − (3.809.345 € x 0,50)

| año | gastos | | | | | | | |
| | solar | promoción | financieros | | | gestión | mnto | total gastos |
			intereses	gastos	amortización			
0	642.000							642.000
1		1.711.369	36.720	64.800				1.812.889
2		1.711.369	220.320					1.931.689
3			244.800			15.000		259.800
4			244.800			15.675		260.475
5			183.600		2.040.000	16.380	30.000	2.269.980
6			122.400			17.117		139.517
7			122.400			17.888		140.288
8			122.400			18.693		141.093
9			122.400			19.534		141.934
10			122.400			20.413		142.813
11			122.400			21.332		143.732
12			122.400		2.040.000	22.291		2.184.691
	642.000	3.422.738	1.787.040	64.800	4.080.000	184.323	30.000	10.210.901

Donde:

- El gasto del solar se localiza en el año 0, considerándose como la **inversión inicial** para la puesta en marcha del proyecto.

- Los gastos del desarrollo de la promoción se distribuyen en dos años al 50% cada año.

- Los gastos de gestión se actualizan según el IPC cada año.

$G_{\text{gestión}}$ = n.º viviendas x 300 €/viv./año

$G_{\text{gestión}}$ = 50 viviendas x 300 €/viv./año = 15.000 €

año	I - G	acumulado
0	-642.000	-642.000
1	1.451.111	809.111
2	-1.115.689	-306.578
3	650.200	343.622
4	63.475	407.097
5	-1.931.453	-1.524.355
6	214.244	-1.310.111
7	229.393	-1.080.718
8	245.224	-835.495
9	261.767	-573.728
10	279.054	-294.674
11	297.120	2.446
12	3.929.091	3.931.537

Así la respuesta a la **pregunta a)** será el resultado de la columna de Ingresos menos Gastos.

La respuesta a la **cuestión b)** será el resultado final de las cantidades acumuladas que coincide con la suma total de la columna I-G

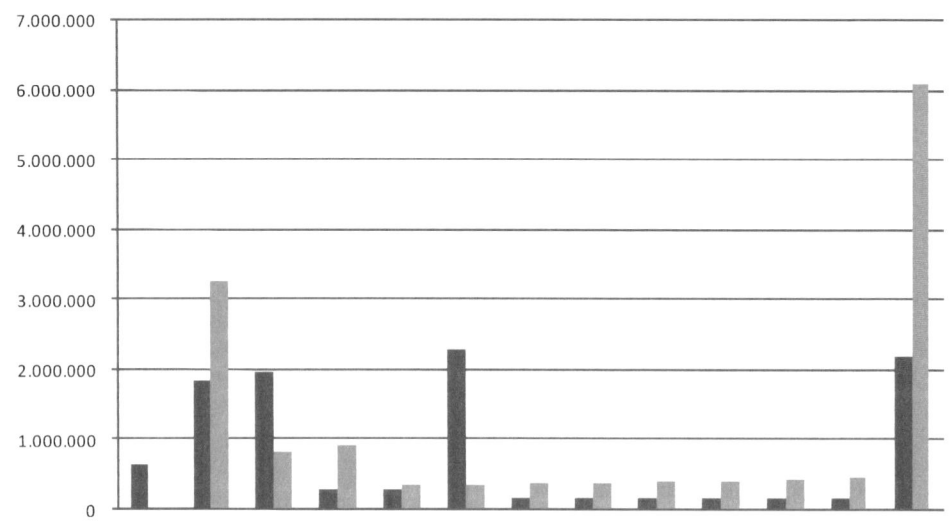

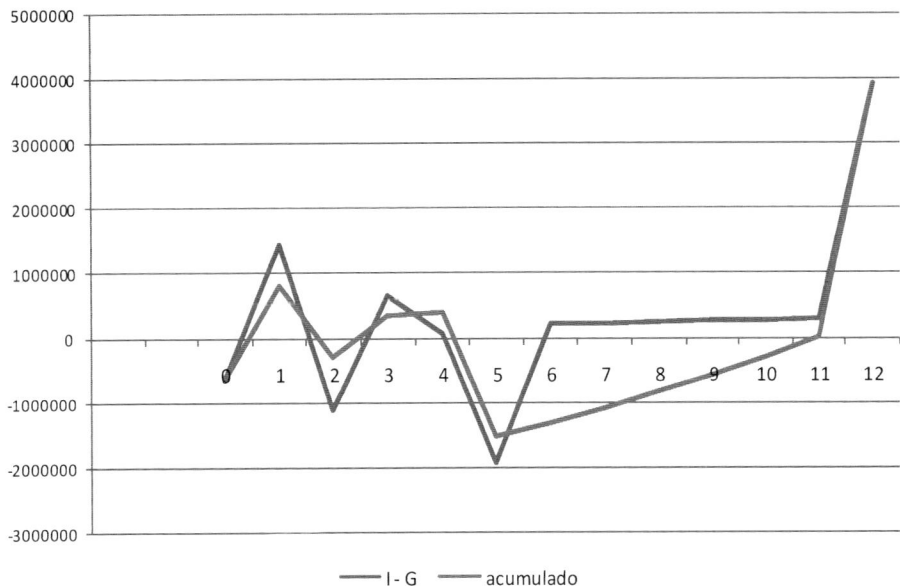

Para el cálculo del VAN[9] y el TIR[10] que se pregunta en la **cuestión c)** se utilizará la siguiente fórmula:

$$VAN = -Io + \frac{Q_1}{(1 + K)} + \frac{Q_2}{(1 + K)^2} + \cdots + \frac{Q_n}{(1 + K)^n}$$

Donde:

- I_0 es la inversión inicial necesaria para poner en marcha el proyecto.

- Q_1 son los flujos de caja de cada año (columna I-G).

- **K** es el coste de oportunidad o valor de rentabilidad mínima según el promotor para decidirse a acometer el proyecto. En nuestro caso estimamos un **20%**.

[9] VAN: Valor Actualizado Neto.

[10] TIR: Tasa Interna de Retorno.

$$VAN = -642.000 + \frac{1.451.111}{(1+0,20)} - \frac{1.115.689}{(1+0,20)^2} + \frac{650.200}{(1+0,20)^3} + \frac{63.475}{(1+0,20)^4} - \frac{1.931.453}{(1+0,20)^5}$$

$$+$$

$$+\frac{214.244}{(1+0,20)^6} + \frac{229.393}{(1+0,20)^7} + \frac{245.224}{(1+0,20)^8} + \frac{261.767}{(1+0,20)^9} + \frac{279.120}{(1+0,20)^{10}} + \frac{297.120}{(1+0,20)^{11}}$$

$$+$$

$$+\frac{3.929.091}{(1+0,20)^{12}}$$

Para el **cálculo de la TIR,** se deben iterar valores de K de forma que vayan tendiendo a cero. Así el resultado se daría dentro de un intervalo de valores.

Problema 2

A un promotor, una empresa le oferta un lote de **dos solares, el A de 4.500 m²
y en B de 750 m²**. El precio inicial de los solares que habrá que pagar al vendedor es
de 450.000 € el A y de 800 €/m² de techo sobre rasante el B.

El solar A tiene un coeficiente de edificabilidad de 0,4 m²t/m²s materializado en
una sola planta, es para uso terciario y está previsto alquilarlo para la instalación
de una gran superficie comercial durante 5 años. En el solar B se pueden edificar
2 plantas de sótano ocupando toda la superficie del solar, planta baja para locales
comerciales ocupando también la totalidad del solar y 5 plantas tipo de viviendas
con 400 m² en planta.

El equipo técnico comercial del promotor ha analizado estos datos de partida y
han llegado a las siguientes conclusiones:

En el solar B se pueden construir:
- 50 plazas de garaje y 50 trasteros en plantas sótano.
- 3 viviendas por planta.
- Los costes de construcción son:
  - CC viv. = 600 €/m²c.
  - CC loc. = 350 €/m²c.
  - CC sótano = 300 €/m²c.

- Los precios de venta según estudio de mercado realizado.
  - PVP viviendas = 2.000 €/m²c (incluyendo zz.cc.)[11].
  - PVP locales = 2.200 €/m²c (incluyendo zz.cc.).
  - PVP plazas de garaje = 22.000 €/ud.
  - PVP trasteros = 5.000 €/ud.

- Los costes de construcción del solar A son:
  - Urbanización 120 €/m² (se urbaniza lo que no ocupa la edificación).
  - Edificación 400 €/m²c.

---

[11] ZZ.CC. En el precio de venta están repercutidas las zonas comunes.

También llegan a la conclusión de que el resto de gastos para poder desarrollar el solar A son el 30% de los costes de construcción totales.

Para desarrollar el solar B, el promotor necesita financiar el 70% de los ingresos previstos en la venta de la promoción, en cambio no necesita financiación para el solar A, ya que dispone del capital necesario.

La entidad bancaria le irá abonando el capital prestado en 3 pagos iguales, el primero a los 3 meses del inicio de las obras, el segundo a los 6 meses y el tercero a los 11 meses. Las obras del solar A tienen una duración de 15 meses, y las del solar B se estima que tardarán 22 meses, y empezarán 3 meses después del inicio de las del solar A. El préstamo se concederá con una carencia de 30 meses al final del cual el promotor deberá devolver todo el dinero prestado. El interés pactado será del 7% TAE. Las liquidaciones se realizarán anualmente cada 31 de diciembre de cada año.

Pregunta 1: ¿Cuál será el precio por m^2 construido al mes (€/m^{2}c/mes) que deberá pagar la empresa a la que se pretende alquilar la construcción de uso terciario sobre el solar A, si el promotor quiere obtener una rentabilidad del 4% anual, calculada sobre el total de la inversión total?

Pregunta 2: Realizar el estudio de viabilidad de la operación conjunta con los parámetros anteriores contando con que podríamos vender la promoción del solar A con un 15% de beneficio sobre costes (en este caso no se alquilaría).

2a) Calcular el beneficio y rentabilidad esperada.

2b) Calcular el VAN y TIR de la operación conjunta y en régimen de promoción para venta en los dos solares. Se estima que las ventas de la promoción B las realizaremos 40% durante el primer año, 40% durante el segundo año y 20% el tercero, contados desde el final de obra. La venta de los elementos de proyecto A la realizaremos justo al final de la obra. El promotor considera su coste de oportunidad, K, en el 8%.

Pregunta 3: Analiza qué beneficio tendría el promotor en el proyecto B, si vendiese 8 viviendas y los locales incialmente al finalizar las obras y el resto la vende el promotor con la modalidad de alquiler con opción a compra a 10 años (acabando el 31 de diciembre del décimo año) viéndose incrementado el precio de venta final un 3% anualmente. El promotor tendrá unos gastos anuales de

12.000 € en concepto de gastos de gestión, que se deben actualizar anualmente según el IPC que estimamos en el 4%. La misma actualización deberán sufrir las rentas que cobra el promotor, que serán mensualmente de 800 €/viv., 110 €/ud. plaza y trastero.

Para acometer esta operación, el promotor se plantea el uso de fondos propios.

Solución problema 2

Esquema temporal de la operación

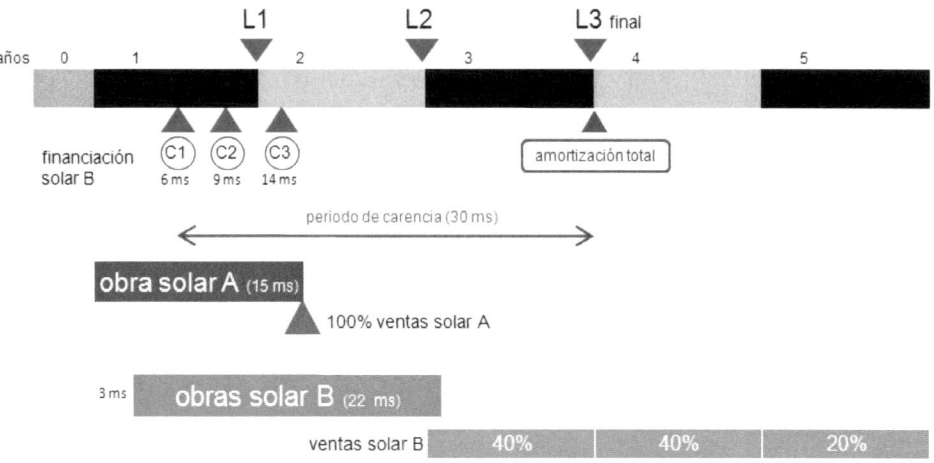

Pregunta 1

Para la resolución de esta cuestión es necesario calcular la inversión total necesaria.

Gastos proyecto A

- **Coste del solar (CS)**

Precio del Solar s/ enunciado = 450.000 €

Impuestos. El vendedor es una empresa.

Impuestos = 450.000 € x 1% (IAJD) = 4.500 €

TOTAL CS = 454.500 €

- **Costes de construcción (CC)**

Se analiza la superficie construida máxima del solar, según los datos facilitados en el enunciado:

S_{solar} = 4.500 m²s

CE[12] = 4 m²t / m²s

Edificabilidad = S_{solar} x CE = 4.500 m²t x 4 m²t / m²s = 1.800 m²t

Se estima que se puede desarrollar toda la edificabilidad en el solar, por lo que la diferencia restante será la zona de aparcamientos a urbanizar.

$S_{urbanización}$ = S_{solar} − $S_{ocupada\ por\ la\ edificación}$

$S_{urbanización}$ = 4.500 m²s − 1.800 m² = 2.700 m²

CC edificación = 1.800 m²t x 400 €/m²c = 720.000 €

CC urbanización = 2.700 m²c x 120 €/m²c = 324.000 €

TOTAL CC = 1.044.000 €

PEM = 1.044.000 € / 1,19 = 877.310,92 €[13]

- **Resto de gastos (RG)**

Según se indica en el enunciado serán el 30% de los CC

R_{gastos} = 1.044.000 € x 30% = 313.200 €

Por lo que el **total de gastos** del proyecto A serán

T_{gastos} = CS + CC + RG

T_{gastos} = 454.500 € + 1.044.000 € + 312.200 € = **1.811.700 €**

Así, para calcular el importe del alquiler, es necesario calcular el 4% de rentabilidad que según el enunciado necesita el promotor.

Cuota alquiler = Inversión total x rentabilidad mínima = 1.011.700 € x 4%

---

[12] CE: Coeficiente de Edificabilidad.

[13] Es necesario calcular el Presupuesto de Ejecución Material (PEM), ya que será necesario para el cálculo parametrizado de varios de los gastos posteriores. Se estima que los GG y el BI del constructor asciende a un 19%.

Cuota alquiler = **72.468,00 € al año**

En m²t

Cuota alquier mensual por m²t = Cuota anual / m²t / 12 =

= 72.468,99 € / 1.800 m²t / 12 = **3,36 €/m²t/mes**

Pegunta 2: Estudio de viabilidad

Para resolver la pregunta 1 se han calculado los gastos del proyecto A, ahora se tendrían que resolver los del B, así como los ingresos de los dos.

INGRESOS

SOLAR A

El enunciado nos indica que se obtendrá el 15% de beneficios sobre el total de costes.

B.º = T_{costes} x 15% = 1.811.700,00 € x 0,15 = **271.755,00 €**

Así, para obtener el total de ingresos deberemos sumar a los costes el beneficio

$T_{ing}A$ = 1.811.700,00 € + 271.755,00 € = **2.083.455,00 €**

SOLAR B

Ingreso Viviendas (I_V) = Sc_{viv} x €/m²c

I_V = 5 plantas x 400 m²c/planta x 2.000 €/m²c = 4.000.000 €

I_{loc} = Sc. local x €/m²c = 750 m²c x 2.200 €/m²c = 1.650.000 €

$I_{plazas\ garaje}$ = 50 ud x 22.000 €/ud. = 1.100.000 €

$I_{trasteros}$ = 50 x 5.000 €/ud. = 250.000 €

$T_{ing}B$ = **7.000.000,00 €**

GASTOS

Gastos proyecto B

- **Coste del solar (CS)**

El precio en este caso viene dado en €/m²t sobre rasante, por lo que se debe obtener en primer lugar la superficie de techo. El enunciado indica la superficie que se puede construir, así:

[14]S_{techo} = Spb + Spp

S_{techo} = 750 m²t + 5 plantas x 400 m²t/planta = 2.750 m²t

CS = S_{techo} x 800 €/m²t = 2.750 m²t x 800 €/m²t = 2.200.000 €

Cálculo de impuestos. El vendedor es una empresa.

Is = 2.200.000 € x 1% (IAJD) = 22.000 €

TOTAL CS = 2.222.000 €

- **Costes de construcción (CC)**

CC_{viv} = 5 plantas x 400 m²c/planta x 600 €/m²c = 1.200.000 €

$CC_{garajes}$ = 2 plantas x 750 m²c/planta x 300 €/m²c 1= 450.000 €

$CC_{locales}$ = 750 m²c x 350 €/m²c = 262.500 €

TOTAL CC = 1.912.500 €

PEM = 1.912.500 € / 1,19 = 1.607.142,86 €[15]

---

[14] Spb = Superfice construida en la Planta Baja. Spp = Superficie construida en las plantas piso.

[15] Es necesario calcular el Presupuesto de Ejecución Material (PEM), ya que será necesario para el cálculo parametrizado de varios de los gastos posteriores. Se estima que los GG y el BI del constructor ascienden a un 19%.

- **Honorarios técnicos (HT)**[16]

Honorarios de Arquitecto (HT arq.)

Proyecto Básico	30% del 7% del PEM	0,30 x 0,07 x 1.607.142,86 € 33.750 €
Proyecto de Ejecución	40% del 7% del PEM	45.000 €
Dirección de obra	30% del 7% del PEM	33.750 €
TOTAL		**112.500 €**

Honorarios de Arquitecto Técnico (HT arq. téc.)

Dirección de Ejecución	Ídem DO Arquitecto	0,30 x 0,07 x 1.607.142,86 € 33.750 €
Control de Calidad	1% del PEM	16.071,43 €
Seg. y Salud Fase Ej.	2% del PEM	32.142,86 €
TOTAL		**81.964,29 €**

Honorarios Ingenieros

Proyecto y Dirección de Obra	1% del PEM	16.071,43 €
TOTAL		**16.071,43 €**

TOTAL HT = 210.535,71 €

- **Resto de Gastos**

Debido a la mecánica repetitiva de su cálculo, se agrupan aquí el resto de gastos de promoción a excepción de los financieros.[17]

---

[16] Los ratios utilizados para el cálculo de los honorarios son orientativos y obtenidos de la experiencia.

[17] Ídem nota 4.

Gastos Fiscales (GF)	4% del PEM	64.285,71 €
Notaría y Registro (NR)	1% de los CC	19.125,00 €
Gastos Generales (GG)	4% de los CC	76.500,00 €
Acometidas (AC)	1% del PEM	16.701,43 €
Seguros (SG)	1% del PEM	16.701,43 €
OCT (OCT)	1% del PEM	16.701,43 €
Laboratorios control (LC)	1% de los CC	19.125,00 €

TOTAL RESTO DE GASTOS = 437.785,71 €

- **Gastos Financieros (GF)**

Se componen por los intereses del capital prestado, los gastos de tasación y comisiones.

Según el enunciado se financiará el 70% de los ingresos previstos

Préstamo = 7.000.000,00 € x 0,7 = **4.900.000,00 €**

COSTE TASACIÓN = (15 viviendas + 1 local)[18] x 72 €/ud[19] = 1.152,00 €

COMISIONES (1,5%)[20] = 4.900.000 € x 1,5% = 73.500,00 €

Cálculo de los intereses del capital prestado

Utilizamos la siguiente fórmula:

i = K x TAE x T

donde:

K es el capital pendiente de pago (préstamo vivo).

---

[18] Según el enunciado, 3 viviendas por planta en 5 plantas.

[19] El coste de tasación es una estimación y en él se incluye la tasación de la plaza de garaje (no tenemos en cuenta el coste de tasación de las plazas de garaje no vinculadas a ninguna vivienda por su pequeño impacto en el estudio). También se tiene en cuenta el local, como el enunciado no lo especifica, se estima que sólo es una unidad.

[20] Este coste es una estimación y se calcula sobre el importe total del préstamo concedido.

TAE (Tasa Anual Equivalente) es el precio que tenemos que pagar a la entidad financiera.

T es el tiempo que se ha tenido el dinero prestado.

El cálculo se realiza aplicando la fórmula anterior y teniendo en cuenta cuándo se efectúan los aportes económicos. Así mismo el precio que nos pide la entidad financiera es del 7% TAE, según aparece en el enunciado.

Los aportes de capital se realizan en tres pagos iguales, por lo que cada ingreso será de:

$$\frac{4.900.000}{3} = 1.633.333,33$$

Los intereses los calcularemos al final de cada año, ya que las liquidaciones al banco se producirán en ese momento.

Ejemplo

Cálculo interés año 1

$$i = 1.633.333,33 \ € \times 7\% \ TAE \times \frac{6}{12} = 57.166,67 \ €$$

año		préstamo vivo	duración		intereses
1	C1	1.633.333,33 €	6	57.166,67 €	
	C2	1.633.333,33 €	3	28.583,33 €	85.750,00 €
2	C1 + C2	3.266.666,66 €	12	228.666,67 €	
	C3	1.633.333,33 €	10	95.277,78 €	323.944,44 €
3		4.900.000,00 €	12		343.000,00 €

752.694,44 €

TOTAL GF = 827.346,44 €

Por lo que el **total de gastos** del proyecto B serán

T_{gastos} = CS + CC + RG + GF

T_{gastos} = 2.222.000,00 € + 1.912.500,00 € + 437.785,71 € + 823.346,44 € = **5.399.632,16 €**

Pregunta 2a)

El B.º del Proyecto se refiere a la diferencia de Ingresos menos Gastos.

La Rentabilidad se calcula aplicando la fórmula:

$$Rentabilidad = \frac{Bº}{Gastos}$$

	proyectos		
	A	B	A+B
INGRESOS	2.083.455,00 €	7.000.000,00 €	9.083.455,00 €
GASTOS	1.811.700,00 €	5.399.632,16 €	7.211.332,16 €
Bº	271.755,00 €	1.600.367,84 €	1.872.122,84 €
RENTABILIDAD	**15,00%**	**29,64%**	**25,96%**

Pregunta 2b)

Cálculo de VAN y TIR.

Tabla resumen

Una vez obtenidos todos los datos, se procede a traspasarlos a una tabla donde se deben colocar según el momento (año) en que se han producido.

		año 0	año 1	año 2	año 3	año 4	año 5
ingresos							
proyecto A							
	ventas			2.083.455,00			
proyecto B							
	ventas				2.800.000,00	2.800.000,00	1.400.000,00
	préstamo		3.266.666,67	1.633.333,33			
TOTAL INGRESOS		**0,00**	**3.266.666,67**	**3.716.788,33**	**2.800.000,00**	**2.800.000,00**	**1.400.000,00**
gastos							
proyecto A							
	CS	454.500,00					
	CC		939.600,00	104.400,00			
	RG		281.880,00	31.320,00			
proyecto B							
	CS	2.222.000,00					
	CC		860.625,00	956.250,00	95.625,00		
	RG		197.003,57	218.892,86	21.889,29		
	GF		160.402,00	323.944,44	343.000,00		
	amortización				4.900.000,00		
TOTAL GASTOS		**2.676.500,00**	**2.439.510,57**	**1.634.807,30**	**5.360.514,29**	**0,00**	**0,00**
I - G		**-2.676.500,00**	**827.156,10**	**2.081.981,03**	**-2.560.514,29**	**2.800.000,00**	**1.400.000,00**
acumulado		-2.676.500,00	-1.849.343,90	232.637,13	-2.327.877,16	472.122,84	1.872.122,84

Donde:

- El gasto de la adquisición de los solares se localiza en el año 0, considerándose como la **inversión inicial** para la puesta en marcha del proyecto.

- Tanto los CC y el resto de gastos (RG) se deben distribuir proporcionalmente según el año en el que se producen:

  ○ Proyecto A: 90% primer año; 10% segundo año.

  ○ Proyecto B: 45% primer año; 50% segundo año; 5% tercer año.

- Respecto a los GF, hay que tener en cuenta que en el primer año, se deben añadir los gastos de tasación y las comisiones a los intereses generados.

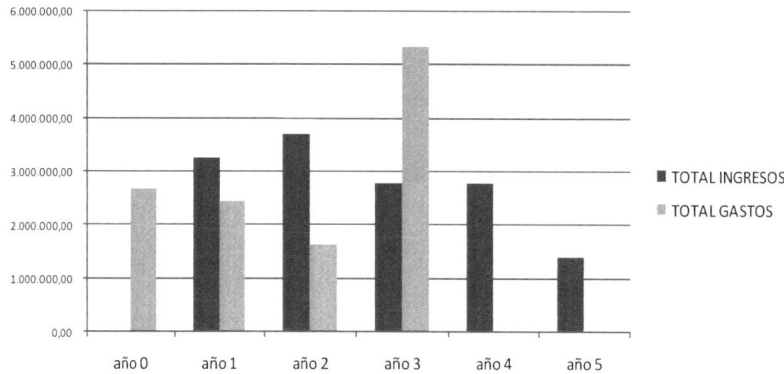

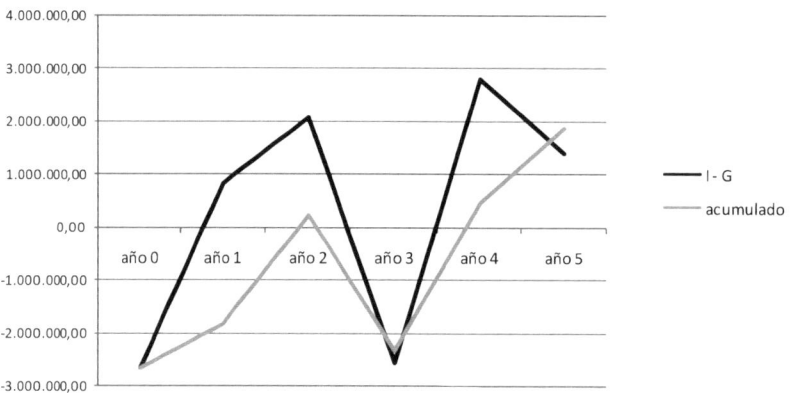

Para el cálculo del VAN[21] y el TIR[22] se utilizará la siguiente fórmula:

$$VAN = -Io + \frac{Q_1}{(1+K)} + \frac{Q_2}{(1+K)^2} + \cdots + \frac{Q_n}{(1+K)^n}$$

Donde:

- I_0 es la inversión inicial necesaria para poner en marcha el proyecto.

- Q_n son los flujos de caja de cada año (columna I-G).

- K es el coste de oportunidad o valor de rentabilidad mínima según el promotor para decidirse acometer el proyecto. En este caso y según se contempla en el enunciado es del **8%**.

$$VAN = -2.676.500,00 + \frac{82.715.56,10}{(1+0,08)} - \frac{2.081.981,03}{(1+0,08)^2} + \frac{2.560.514,29}{(1+0,08)^3} + \frac{2.800.000,00}{(1+0,08)^4}$$

$$+ \frac{1.400.000,00}{(1+0,08)^5}$$

VAN = 789.471,95 €

Para el **cálculo de la TIR,** se debe iterar valores de K de forma que vayan tendiendo a cero. Asi el resultado se daría dentro de un intervalo de valores.

k	VAN
30%	-474.096,54 €
20%	-91.854,13 €
10%	594.618,92 €
15%	200.365,00 €
18%	14.813,40 €
19%	-40.081,62 €

Así, la TIR estará comprendida entre el **18% y el 19%.**

PREGUNTA 3

Esquema temporal

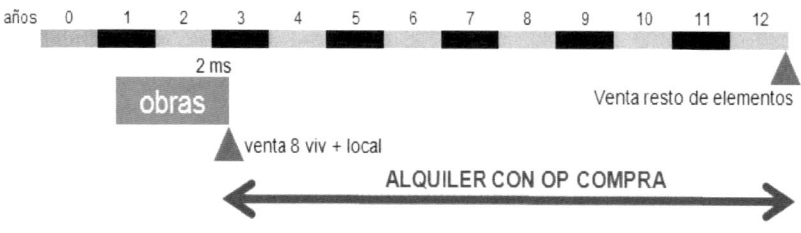

Nota:

Los ingresos finales de las viviendas y las plazas de garaje se incrementarán un 3% anualmente hasta la fecha en que se ejecute el contrato de compra venta. El cálculo de estas cantidades se realizará más fácilmente en la tabla resumen.

Cálculo de ingresos

• **Ingresos por ventas**

Se vende al final de la obra 8 viv. y el local

Ingreso Viviendas (I_v) = n.º viv. x €/ud.

Total ingresos = 4.000.000 € / 15 viviendas = 266.666,66 €/viv.

I_v = 8 viv. x 266.666,66 €/viv. = 2.133.333,22 €

I_{loc} = Sc local x €/m²c = 750 m²c x 2.200 €/m²c = 1.650.000 €

Una vez superado el periodo de alquiler con opción a compra (año 13), se procedería a vender las unidades restantes (con precio actualizado un 3% anual).

Venta pendiente = V_{total} − $V_{inicial}$

Venta pendiente = 7.000.000 € − (2.133.333,22 € + 1.650.000 €) = **3.236.666,78 €**

- **Ingresos por alquiler (IA)**. El enunciado indica las rentas mensuales por unidad, en primer lugar es necesario obtener los ingresos iniciales anuales.

Los ingresos por alquiler del primer año serán:

IA = (15 − 8) viv. x 800 €/viv./mes + 50 plazas de garaje y trasteros x 110 €/plaza/mes) = **11.100 €/mes x 12 meses = 133.200 €/año**

Donde:

- El valor del alquiler inicial se va actualizando cada año un 4% por la subida del IPC, según se indica en el enunciado.

- Durante el primer año, se prorratean los meses de alquiler (10 meses).

- El valor final de venta de las unidades restantes se calcula de la siguiente forma:

$$V_{vnta\ pte} \times (1 + IPC)^9 = 3.236.666{,}78\ € \times (1 + 0{,}04)^9$$

Se utilizan 9 periodos ya que en el primer año no se actualizan las rentas el primer año.

- Para el cálculo del mantenimiento se prorratean también 10 meses.

- La distribución de gastos y sus importes son los calculados en los ejercicios anteriores.

año	ingresos			gastos			
	venta	alquiler viv + t	total	CS	CC+RG	mantenimiento	total
0				2.222.000,00			2.222.000,00 €
1					1.057.628,57 €		1.057.628,57 €
2					1.175.142,86 €		1.175.142,86 €
3	3.783.333,33 €	111.000,00 €	3.894.333,33 €		117.514,29 €	10.000,00 €	127.514,29 €
4		138.528,00 €	138.528,00 €			12.480,00 €	12.480,00 €
5		144.069,12 €	144.069,12 €			12.979,20 €	12.979,20 €
6		149.831,88 €	149.831,88 €			13.498,37 €	13.498,37 €
7		155.825,16 €	155.825,16 €			14.038,30 €	14.038,30 €
8		162.058,17 €	162.058,17 €			14.599,83 €	14.599,83 €
9		168.540,49 €	168.540,49 €			15.183,83 €	15.183,83 €
10		175.282,11 €	175.282,11 €			15.791,18 €	15.791,18 €
11		182.293,40 €	182.293,40 €			16.422,83 €	16.422,83 €
12	4.223.116,02 €	189.585,13 €	4.412.701,15 €			17.079,74 €	17.079,74 €
	8.006.449,35 €	1.577.013,47 €	9.583.462,82 €	2.222.000,00 €	2.350.285,71 €	142.073,29 €	4.714.359,00 €

I-G	acumulado
- 2.222.000,00 €	- 2.222.000,00 €
- 1.057.628,57 €	- 3.279.628,57 €
- 1.175.142,86 €	- 4.454.771,43 €
3.766.819,05 €	- 687.952,38 €
126.048,00 €	- 561.904,38 €
131.089,92 €	- 430.814,46 €
136.333,52 €	- 294.480,94 €
141.786,86 €	- 152.694,09 €
147.458,33 €	- 5.235,75 €
153.356,67 €	148.120,91 €
159.490,93 €	307.611,84 €
165.870,57 €	473.482,41 €
4.395.621,41 €	**4.869.103,82 €**

El beneficio que obtendrá el promotor será de **4.869.103,82 €.**

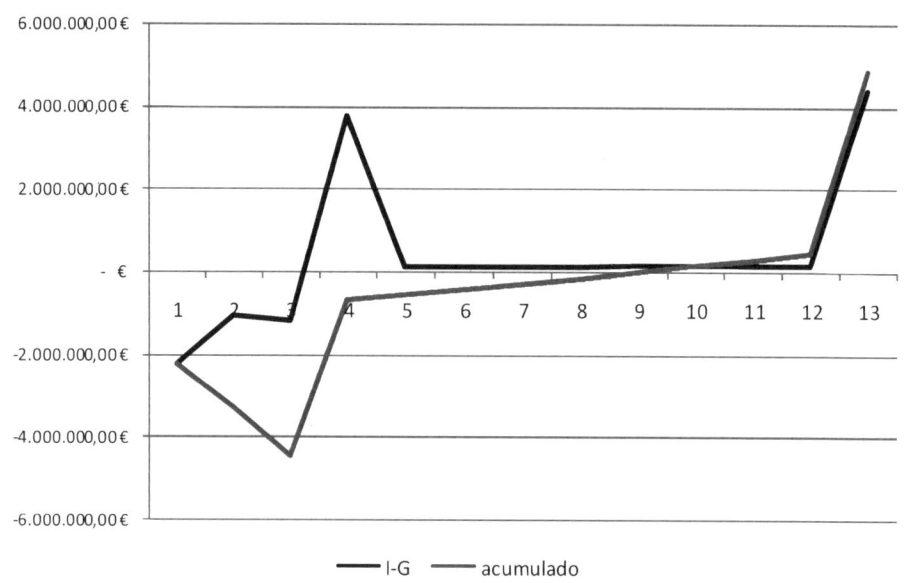

Problema 3

Se trata de analizar la viabilidad de un posible negocio inmobiliario que nos han planteado; la operación consiste en construir y explotar un *parking* privado. Para ello el Ayuntamiento nos concedería una concesión para 50 años (no pagaríamos el solar, pero al pasar los 50 años, retornaría la posesión al ayuntamiento). Debemos realizar la construcción del *parking*, pagar todos los gastos y urbanizar la parte superior del mismo ejecutando una plaza de uso público.

Se estima que obtendremos una plaza de aparcamiento por cada 30 m²c, pudiendo ocupar el 100% del solar y se ejecutarían 3 plantas. Debemos dedicar el 25% de las plazas a alquiler, para lo cual deberemos obtener el 7% de rentabilidad anual sobre el valor estimado en venta de las mismas con una ocupación media anual del 70%. El resto lo dedicaremos a la explotación de aparcamientos por rotación. Analizadas las características de la zona nos basamos en la hipótesis para el cálculo de ingresos de una ocupación del 60% durante 30 días al mes y con un precio de 1,30 €/hora durante 12 horas al día.

Las características son las siguientes:

- Superficie del solar 1.250 m²s
- Costes de construcción
  - Sótanos 1 y 2: 300 €/m²c
  - Sótano 3: 500 €/m²c
  - Acondicionamiento de la plaza: 250 €/m²c
- Valoración en venta según mercado de las plazas: 30.000 €

Hemos realizado consultas a las entidades bancarias y podemos contar con que nos financiarán el 50% del total de costes de construcción, y que se dispondrán en dos pagos; uno al inicio de las obras y otro al año, con un 5% TAE, nos permiten 2 años de carencia con una duración total del préstamo de 13 años. Amortizaremos 250.000 € al año desde el año siguiente al final de obra. La duración de las mismas las estimamos en 18 meses y la distribución de costes será un 70% el primer año y el resto durante el segundo.

Hemos estimado unos gastos de mantenimiento de 60.000 € al año, que deberemos actualizar anualmente según el IPC, que estimamos en un 4,0%. Igualmente deberemos actualizar las cuotas de alquiler pero no el precio de rotación. El resto de gastos lo estimamos como un 30% del coste de construcción.

Se pide:

PREGUNTA 1: Indica en una tabla todos los ingresos y gastos que tendríamos en este posible negocio hasta el año 6 desde el inicio de las obras.

PREGUNTA 2: ¿Qué resultados tendremos en el año 5?

PREGUNTA 3: Calcular VAN en ese período (hasta el año 5 incluido) y explicar cómo se calcularía la TIR.

PREGUNTA 4: ¿Cuál es el coste de la financiación total hasta ese año?
Hemos contactado con varias empresas constructoras para ejecutar las obras, y han realizado la siguiente oferta:

	OFERTA	PLAZO (meses)	bº incial
C1	2.140.000,00 €	18	12,00%
C2	1.602.000,00 €	18	12,00%
C3	1.546.000,00 €	16	8,00%
C4	1.644.500,00 €	15	10,00%
C5	1.340.000,00 €	18	8,00%
C6	1.725.000,00 €	21	15,00%

PREGUNTA 5: Se pide:

- Realizar una preselección de las ofertas más adecuadas en términos económicos.
- Calcular la BAJA y el coeficiente de licitación de cada una de las seleccionadas.
- Calcular el beneficio resultante para cada constructora sabiendo que para tener posibilidades de conseguir la obra deben licitar un 10% por debajo del tipo.
- Calcular el Presupuesto de Ingresos de la C2 sabiendo que la cantidad de impuestos y tasas se estima en un 4% del PEM.

Solución problema 3

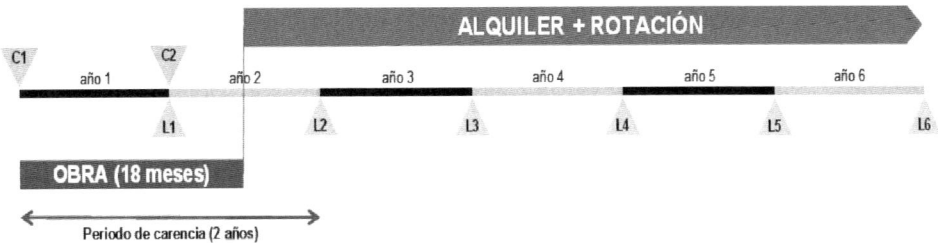

Pregunta 1.

1. Cálculo de los Ingresos.

1.1. En primer lugar se estima el número de plazas de las que se va a disponer, que según el enunciado es una plaza por cada 30 m²c.

Sup. Construida total = 3 plantas x 1.250 m²c/planta = 3.750 m²c.

Plazas destinadas a Alquiler[23]: 25% de 125 → 31 plazas.

$$\text{N.º de plazas} = \frac{3.750\, m^2c}{30\, \dfrac{m^2c}{plaza}} = 125 \text{ plazas.}$$

Plazas destinadas a Rotación[24]: 125 − 31 = 94 plazas.

1.2. Ingresos por alquiler de plazas de garaje.

Según indica el enunciado, se pretende obtener un 7% de rentabilidad anual sobre el valor de venta de las plazas destinadas a alquiler.

Valor de venta de las 31 plazas = 31 plazas x 30.000 €/plaza = 930.000 €

---

[23] Según indica el enunciado, se destina a alquiler el 25% del total de las plazas construidas. Se redondea a unidades completas 31,25 a 31 unidades.

[24] Se destina a Rotación el resto de las plazas disponibles.

Rentabilidad anual deseada = 7% de 930.000 € = **65.100 €/año**[25]

Y por unidad alquilada:

65.100 ÷ 31 plazas ÷ 12 meses = **175 €/mes/plaza**

1.3. Ingresos por Rotación.[26]

94 plazas x 12 meses/año x 30 días/mes x 12 h/día x 1,30 €/h x 0,60 = **316.742,40 €**

2. Cálculo de los gastos.

2.1. Costes de Construcción (CC)

Sótanos 1 y 2: 1.250 m²c x 2 plantas x 300 €/m²c = 750.000 €

Sótano 3:1.250 m²c x 1 planta x 500 €/m²c = 625.000 €

Urbanización: 1.250 m²c x 250 €/m²c = 312.500 €

CC: 1.687.500 €

Los costes de construcción se producen según indica el enunciado, el 70% durante el año 1 y el 30% durante el año 2.

CC Año 1 = 70% de 1.687.500 € = 1.181.250 €

CC Año 2 = 30% de 1.687.500 € = 506.250 €

2.2. Resto de Gastos (RG)[27]

30% de CC = 0,30 x 1.687.500 € = **506.250 €**

---

[25] Las cuotas de alquiler, según enunciado, se actualizan anualmente teniendo en cuenta la evolución del IPC, que se estima en un 4%.

[26] Se estima, según enunciado, una ocupación del 60% durante 12 horas al día, todo el año.

[27] Según el enunciado, el resto de gastos ascienden al 30% de los costes de construcción (CC).

Del mismo modo que los costes de construcción, el Resto de Gastos se reparten, el 70% durante el año 1 y el 30% durante el año 2.

Año 1 = 70% de 506.250 € = 354.375 €
Año 2 = 30% de 506.250 € = 151.875 €

2.3. Mantenimiento (60.000 €/año)[28]

Año 2 →   0,5 años x 60.000 €/año = 30.000 €
Año 3 →   60.000 € x 1,04 = 62.400 €

2.4. Gastos Financieros (GF)

El reparto del capital prestado en las dos certificaciones se distribuye del mismo modo que los costes de construcción (CC), que según se indica en el enunciado es el 70% durante el año 1 y el 30% durante el año 2. Por lo tanto, la entidad financiera emite en la certificación 1 el 70% del capital prestado y el 30% en la certificación 2.

El capital prestado, según el enunciado, es el 50% de los costes de construcción (CC)

Capital Prestado = 50% de 1.687.500 = 843.750 €

Por lo tanto:

C1 – 70% de 843.750 € = 590.625 € (en el inicio del año 1)
C2 = 30% de 843.750 € = 253.125 € (en inicio del año 2)

Además, se dispone de dos años de carencia, en los cuales no se amortiza capital, pero sí se paga por el interés generado. Las liquidaciones son anuales y su cuantía se calcula a continuación.

- **Liquidación 1:** Correspondiente al final del año 1. Está dentro del periodo de carencia, por lo tanto no se amortiza capital. Dado que es la primera liquidación, se debe incluir en ella además del interés[29] gene-

---

[28] El coste de mantenimiento, según se indica en el enunciado, se actualiza anualmente incrementándose un 4% correspondiente al IPC.

[29] Según enunciado, es el 5% TAE. Para su cálculo ver problemas 1 y 2.

rado por el préstamo vivo, la comisión de apertura[30] y los costes de tasación[31].

Comisiones = 1,5% de 843.750 € = 12.656,25 €

Tasación = 20 €/plaza x 125 plazas = 2.500 €

Interés = C1 x 0,05 = 590.625€ x 0,05 = 29.531,25 €

Total: 44.687,50 €

- **Liquidación 2:** Correspondiente al final del año 2. Está dentro del periodo de carencia, por lo tanto no se amortiza capital. Únicamente se paga el interés generado por el préstamo vivo.

Interés = (C1+ C2) x 0,05 = 843.750 € x 0,05 = **42.187,50 €**

- **Liquidación 3:** Correspondiente al final del año 3. Está fuera del periodo de carencia, por lo tanto, a partir de este momento se debe amortizar capital[32] en cada liquidación.

Interés = (C1+ C2) x 0,05 = 843.750 € x 0,05 = **42.187,50 €**

Amortización = **250.000 €**

- **Liquidación 4:** Correspondiente al final del año 4.

Préstamo vivo = 843.750 € − 250.000 € = 593.750 €

Interés = 593.750 € x 0,05 = **29.687,50 €**

Amortización = **250.000 €**

- **Liquidación 5:** Correspondiente al final del año 5.

---

[30] Se estima que asciende al 1,5% del capital prestado.

[31] Tomamos como precio de tasación 20 €/plaza de garaje.

[32] Según el enunciado, una vez finalizado el periodo de carencia se amortiza en cada liquidación 250.000 €.

Préstamo vivo = 593.750 € – 250.000 € = 343.750 €

Interés = 343.750 € x 0,05 = **17.187,50 €**

Amortización = **250.000 €**

- **Liquidación 6:** Correspondiente al final del año 6.

Préstamo vivo = 343.750 €– 250.000 € = 93.750 €

Interés = 93.750 € x 0,05 = **4.687,50 €**

Amortización = **93.750 €**

año	gastos							
	solar	constr.	promoción	financieros			mnto	total gastos
				intereses	gastos	amortización		
0								
1		1.181.250	354.375	29.531	15.156			1.580.312
2		506.250	151.875	42.187			30.000	730.312
3				42.187		250.000	62.400	354.587
4				296.887		250.000	64.896	611.783
5				17.187		250.000	67.492	334.679
6				4.687		93.750	70.192	168.629

año	ingresos				I - G	acumulado
	préstamo	explotación garaje		total ingresos		
		alquiler	rotación			
0						
1	590.625			590.625	-989.687	-989.687
2	253.125	32.550	158.371	444.046	-286.266	-1.275.953
3		67.704	316.742	384.446	29.859	-1.246.094
4		70.412	316.742	387.154	-224.629	-1.470.723
5		73.229	316.742	389.971	55.292	-1.415.431
6		76.158	316.742	392.900	224.271	-1.191.160

Pregunta 2.

Observando la tabla de la pregunta 1, se obtiene que los resultados al término del año 5 son los siguientes:

Ingresos = 389.971,05 €

Gastos = 334.679,34 €

Ingresos – Gastos = 55.291,71€

Total Acumulado = –1.148.232,13 €

Pregunta 3.

Para calcular el VAN durante el periodo indicado (hasta el año 5 incluido), tomamos como rentabilidad deseada o tasa de descuento un 15%. Se ha escogido esta rentabilidad a modo de ejemplo, ya que este dato quedaría a elección del promotor. El VAN se calcula mediante la siguiente ecuación:

$$VAN = -Io + \frac{Q_1}{(1+K)} + \frac{Q_2}{(1+K)^2} + \cdots + \frac{Q_n}{(1+K)^n}$$

Donde:

- I_o es la inversión inicial necesaria para poner en marcha el proyecto. En este caso, dado que el solar lo cede el ayuntamiento, no representa un gasto inicial para el promotor, por lo que la inversión inicial I_0 aparece con valor cero. Se considera, por tanto, en esta hipótesis que no se produce un gasto inicial de arranque en el proyecto. Sería también válida la opción de dedicar parte de los gastos de promoción (RG) a esta inversión inicial.

- Q_n son los flujos de caja de cada año (Fila I-G).

- **K** es el coste de oportunidad o valor de rentabilidad mínima según el promotor para decidirse acometer el proyecto. En este caso el 15%.

$$VAN = -\frac{989.687,50\ \text{€}}{1,15} - \frac{286.266,30\ \text{€}}{1,15^2} + \frac{29.858,90\ \text{€}}{1,15^3} + \frac{42.571,06\ \text{€}}{1,15^4} + \frac{55.291,71\ \text{€}}{1,15^5} =$$

$$= -1.005.593,67\ \text{€}$$

El valor negativo del VAN nos indica que, según las previsiones, el promotor no alcanzará la rentabilidad establecida del 15%.

Para calcular la tasa interna de retorno, se procede iterando valores de K en la fórmula anterior, ya que la TIR sería el valor de K que hace que el VAN sea cero. Así, si obtenemos un valor positivo, probaremos con otro valor de K inferior y si éste es negativo, lo haríamos con otro superior. De forma que en este cálculo manual daremos el resultado del TIR en un intervalo de valores, más afinado cuantas más pruebas realicemos.

k	VAN
-25%	-975.558
-40%	1.478.298
-35%	100.406
-33%	-241.487
-34%	-81.787

Por lo tanto sabemos que el valor de TIR se podría acotar entre −34% y −35%.

Pregunta 4.

El coste de la financiación hasta el año 5 se obtiene sumando los términos correspondientes a la fila de gastos financieros (GF) de la tabla resumen de la pregunta 1.

GF (hasta el año 5) = 44.687,50 € + 42.187,50 € + 42.187,50 € + 29.687,50 € + 17.187,50 € = **175.937,50 €**

Pregunta 5.

• Preselección entre las ofertas económicas.

1.- Se descartan aquellas ofertas cuyo Presupuesto de Estudio (PE) supere al Presupuesto de Proyecto (PP). Para este caso, los Costes de Construcción calculados en el apartado 2.1 de la pregunta 1 serán el Presupuesto de Proyecto (PP). Por lo tanto hay que descartar aquellas ofertas cuyo PE sea mayor que 1.687.500 €.

De esta forma quedan descartadas C1 (2.140.000 €) y C6 (1.725.000 €)

2.- Se descartan también las ofertas económicas que queden por debajo del umbral de baja temeraria, por lo tanto se procede a calcular dicho umbral.

2.1) Cálculo de la media aritmética de todas las ofertas económicas.

$$\text{Media aritmética} = \frac{(C2 + C3 + C4 + C5)}{4}$$

Media arit. =

$$\frac{(1.602.000 \text{ € } + 1.546.000 \text{ € } + 1.644.500 \text{ € } + 1.340.000 \text{ €})}{4} = 1.533.125 \text{ €}$$

2.2) Cálculo de la media a efectos de concurso. (Media aritmética – 5%)

Media de Concurso = 1.533.125 € – 5% = 1.533.125 € – 76.656,25 € = 1.456.468,75 €

2.3) Umbral de Baja Temeraria.

Baja Tem. = *Med. Concurso* – 10% = 1.456.468,75 € – 145.646,87 € = 1.310.821,88 €

No habría que descartar ninguna oferta más, dado que ninguna de ellas es menor que el umbral de baja temeraria.

- Calcular la Baja y el coeficiente de licitación de cada una de las seleccionadas.

  Para calcular el coeficiente de licitación de cada oferta, se utiliza la siguiente fórmula:

  $$\text{Coeficiente de licitación L} = \frac{PE}{PP}$$

Además sabemos que, PP=CC=1.687.500 €

Para calcular la BAJA en % se aplica la siguiente fórmula:

$$\% \text{ BAJA} = \frac{PP - PE}{PE} \times 100 \rightarrow \% \text{ BAJA} = (1 - L) \times 100$$

	PE	L	% baja	BI
C2	1.602.000	0,949	5,10	12,00%
C3	1.546.000	0,916	8,40	8,00%
C4	1.644.500	0,975	2,50	10,00%
C5	1.340.000	0,794	20,60	8,00%

- Calcular el Beneficio Industrial resultante BI' para cada constructora si todas ellas licitasen un 10% por debajo del tipo.

Necesitamos conocer el coeficiente de licitación corregido L', el cual se calcula mediante la siguiente fórmula:

$$L' = \frac{PE'}{PP}$$

El Presupuesto de Estudio corregido PE', según el enunciado, es un 10% menor que el Presupuesto de Proyecto PP.

$$PE' = PP - 10\% = 1.687.500 € - 168.750 € = 1.518.750 €$$

$$L' = \frac{1.518.750 €}{1.687.500 €} = 0,9$$

El BI' se calcula mediante la siguiente fórmula:

$$\frac{L}{L'} = \frac{C}{C'} \; ; C' = \frac{C \times L'}{L}$$

Donde: c = 1 + BI

$$c' = 1 + BI'$$

	L	c	c´	BI´
C2	0,949	1,12	1,06	6,21%
C3	0,916	1,08	1,06	6,11%
C4	0,975	1,10	1,01	1,54%
C5	0,794	1,08	1,22	22,42%

- Calcular el Presupuesto de Ingresos PI de la C2 sabiendo que la cantidad de impuestos y tasas se estima en un 4% del PEM.

Sabiendo que PE = PI + Impuestos (4%PEM)

4% del PEM = 56.722,69 €
PI = 1.602.000 € – 56.722,69 € = **1.545.277,31 €**

Problema 4

Pregunta 1: Un promotor está interesado en realizar una promoción inmobiliaria de la cual se conocen los siguientes datos: tiene una altura de tres plantas y una planta sótano. Al promotor el solar le ha costado 400.000 €, con todos los gastos ya incluidos. La superficie por planta tipo de viviendas es de 300 m²c, mientras que la superficie de sótano es de 500 m²c. Cada planta está compuesta por 3 viviendas. Existen nueve plazas de garaje. Los precios de venta son: cada plaza de garaje 12.000 euros, viviendas 2.000 €/m²c. El coste de construcción es de 750 €/m²c para viviendas y 420 €/m²c para el sótano. Se sabe que los gastos financieros totales ascienden al 7% del valor de la construcción.

Apartado 1. Calcular el beneficio y rentabilidad de la promoción.

Apartado 2. Justifica matemáticamente cuáles son las soluciones que propondrías para mejorar la rentabilidad.

Pregunta 2: Si en la promoción anterior el promotor vende una planta (3 viviendas) y tres plazas de garaje y el resto lo alquila teniendo unos ingresos de 1.200 € por vivienda cada mes y 300 € por plaza de garaje al mes, con una revalorización del 3% anual.

Calcular en qué año amortizaría la inversión realizada sabiendo que una entidad financiera le concede un préstamo hipotecario del 80% del valor de la construcción, con un interés de un 5,40% anual y que se va amortizando el capital cada año con los ingresos obtenidos del alquiler. Se sabe que la obra tiene una duración de 1,5 años y que el préstamo se concede cuando ha transcurrido medio año desde que comenzó y tiene una duración de seis años. La venta se efectúa al terminar la construcción, al igual que el alquiler del 100% de viviendas y garajes.

Solución problema 4

Pregunta 1

Apartado 1: Para calcular el beneficio y la rentabilidad de la promoción necesitamos calcular en primer lugar los ingresos y los gastos previstos.

1.1) **Cálculo de los Ingresos.**

- Plazas de garaje: 9 plazas x 12.000 €/plaza = 108.000 €
- Viviendas: 3 plantas x 300 m²c/planta x 2.000 €/m²c = 1.800.000 €
  Total Ingresos = 108.000 + 1.800.000 = **1.908.000 €**

1.2) **Cálculo de los Gastos.**

- (CS) Coste del Solar: **400.000 €**[33]

- (CC) Costes de Construcción:
  Viviendas: 750 €/m²c x 3 plantas x 300 m²c/planta = 675.000 €
  Garajes: 420 €/m²c x 500m²c = 210.000 €
  Total Costes de Construcción:
  CC = 675.000 € + 210.000 € = **885.000 €**
  Total PEM:

$$PEM = \frac{CC}{1,19} = \frac{885.000}{1,19} = 743.697,48 €$$

- (GF) Gastos Financieros. El enunciado nos dice que son el 7% del valor de construcción.
  7% de 885.000 € = **61.950 €**

- Honorarios Técnicos (HT)

Honorarios del Arquitecto (HT arq.)

Proyecto Básico	30% del 7% del PEM	0,30 x 0,07 x 743.697,48 €15.617,65 €
Proyecto de Ejecución	40% del 7% del PEM	20.823,53 €
Dirección de obra	30% del 7% del PEM	15.617,65 €
TOTAL		**52.058,83 €**

---

[33] El resto de gastos de la compra del solar ya van incluidos en este precio.

Honorarios de Arquitecto Técnico (HT Arq. Téc.)

Dirección de Ejecución	Ídem DO Arquitecto	0,30 x 0,07 x 743.697,48 €15.617,65 €
Control de Calidad	1% del PEM	7.436,97 €
Seg. y Salud Fase Ej.	2% del PEM	14.873,94 €
TOTAL		**37.928,56 €**

Honorarios Ingenieros

Proyecto y Dirección de Obra	1% del PEM	7.436,97 €
TOTAL		**7.436,97 €**

TOTAL HT = 97.424,36 €

- (RG) Resto de Gastos. Debido a la mecánica repetitiva de su cálculo, se agrupan aquí el resto de gastos de promoción.

Gastos Fiscales (GF)	4% del PEM	29.747,90 €
Notaría y Registro (NR)	1% de los CC	8.850,00 €
Gastos Generales (GG)	4% de los CC	35.400,00 €
Acometidas (AC)	1% del PEM	7.436,97 €
Seguros (SG)	1% del PEM	7.436,97 €
OCT (OCT)	1% del PEM	7.436,97 €
Laboratorios control (LC)	1% de los CC	8.850,00 €

TOTAL RESTO DE GASTOS = 105.158,81 €

Total Gastos = CS + CC + GF + HT + RG
400.000 € + 885.000 € + 61.95 € + 97.424 € + 105.158 € = **1.549.533,17 €**

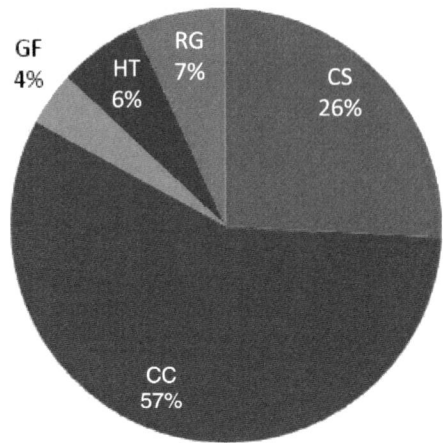

1.3) Cálculo de los Beneficios: Ingresos – Gastos

- Beneficio = 1.908.000 – 1.549.533,17 = **384.466,83 €**

1.4) Cálculo de la rentabilidad.

$$R\,(\%) \quad \frac{INGRESOS - GASTOS}{GASTOS} \times 100$$

$$= \quad \frac{1.908.000 - 1549.533,17}{1.549.533,17} \times 100 = 23,13\%$$

Apartado 2: Soluciones para mejorar la rentabilidad.

- **Solución 1:** Permuta pura del solar por viviendas. Hay que averiguar si el valor del solar equivale exactamente al valor de un número determinado de viviendas enteras, para ello calcularemos a cuántos metros cuadrados de vivienda equivale el valor del solar.

  - Precio del solar: 400.000 €
  - Precio de venta de $1m^2c$ de vivienda: 2.000 €/m^2c.

$$\frac{400.000\ \text{€}}{2.000\ \text{€}\ m^2c} = 200\ m^2c$$

Por lo tanto el solar se permuta por 2 viviendas de 100 cada una.

a) Calculamos los ingresos previstos para este supuesto.

- Viviendas: (9 – 2) viv. x 200.000 €/viv. = 1.400.000 €
- Garajes: 9 plazas x 12.000 €/pl. = 108.000 €
- Total Ingresos: 1.400.000 + 108.000 = **1.508.000 €**

b) Calculamos los gastos para este supuesto (ídem que en el apartado 1, pero descontando el solar, puesto que ha sido permutado por dos viviendas)

- CC = 885.000 € (ver apartado 1)
- GF = 61.950 € (ver apartado 1)
- HT = 97.424,36 € (ver apartado 1)
- RG = 105.158,81 € (ver apartado 1)
- Total Gastos = **1.149.533,17 €**

c) Calculamos la Rentabilidad de la operación.

$$R1 = \frac{INGRESOS - GASTOS}{GASTOS} \times 100 = \frac{1.508.000 - 1.149.533,17}{1.149.533,17} \times 100 = 31,18\%$$

- **Solución 2:** Permuta pura y no financiar.
  a) Cálculo de Ingresos:(igual que en el caso anterior) **1.508.000 €**
  b) Cálculo de gastos: (igual que en el caso anterior, pero descontando además los gastos financieros); 1.149.533,17 € – 61.950 € = **1.087.583,17 €**
  c) Cálculo de la Rentabilidad de la operación en este caso.

$$R2 = \frac{INGRESOS - GASTOS}{GASTOS} \times 100 = \frac{1.508.000 - 1.087.583,17}{1.087.583,17} \times 100 = 38,65\%$$

- **Solución 3:** Contraoferta del solar.
  Si suponemos que el promotor desea alcanzar una rentabilidad del 30%, éste ofrecería al vendedor del solar una contraoferta en la que el precio que el promotor estaría dispuesto a pagar por el mismo sería:

a) Los gastos, contemplando CS como el valor incógnita del solar para obtener una rentabilidad del 30%, en este caso serían:

CS + CC+ GF + HT + RG = CS + 1.149.533,17 €

b) Los ingresos previstos son los mismos que en el apartado 1: **1.908.000 €**

c) De la expresión de la rentabilidad estática, conociendo la rentabilidad deseada, despejamos el precio máximo que el promotor estaría dispuesto a pagar por el solar.

$$R(\%) = \frac{INGRESOS - GASTOS}{GASTOS} \times 100 \; ; \quad 0,30 = \frac{1.908.000 - (S + 1.149.533,17)}{(S + 1.149.533,17)}$$

CS= 318.159,14 €

- **Solución 4:** Aumentando los precios de venta. Esta solución depende de la situación del mercado, ya que aumentando la futura venta se podría ver afectada, bien con la ralentización de los ritmos de ventas, o incluso con la no viabilidad comercial de la misma.

  Por lo que no es conveniente usar esta opción salvo que se pueda justificar claramente que este incremento es coherente con el mercado y el producto inmobiliario a desarrollar. Vamos a desarrollar una hipótesis con un aumento de los precios de venta en un 5%.

  a) Gastos. Son los mismos que en el apartado 1: **1.549.533,17 €**
  b) Ingresos. Son los del apartado 1 aumentados un 5%

  1.908.000 x 1,05 = **2.003.400 €**

  c) Rentabilidad.

$$R(\%) = \frac{INGRESOS - GASTOS}{GASTOS} \times 100 \; ; \quad \frac{2.003.400 - 1.549.533,17}{1.549.533,17} \times 100 = 29,29\%$$

	SOLUCIÓN 1: permuta pura	SOLUCIÓN 2: permuta y no financiar	SOLUCIÓN 3: contraoferta por el solar	SOLUCIÓN 4: aumentar los precios de venta
INGRESOS	1.508.000,00 €	1.508.000,00 €	1.908.000,00 €	2.003.400,00 €
GASTOS	1.149.533,17 €	1.087.583,17 €	1.467.692,31 €	1.549.533,17 €
B.º	358.466,83 €	420.416,83 €	440.307,69 €	453.866,83 €
RENTABILIDAD	31,18%	38,65%	30%	29,29%

Pregunta 2

1.º Esquema temporal de la operación.

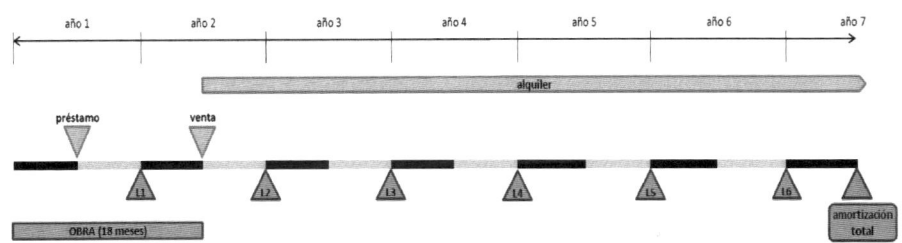

2.º Distribución de los Costes de Construcción (CC). Los gastos durante la ejecución de las obras se distribuyen a lo largo del tiempo en forma de campana de Gauss:

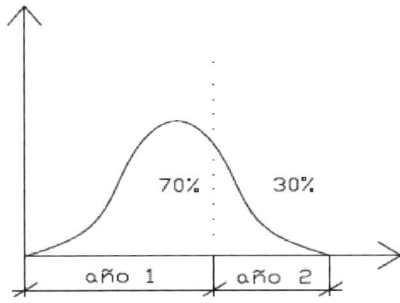

- Año 1= 70% de CC = 70% de 885.000 € = 619.500 €
- Año 2= 30% de CC = 30% de 885.000 € = 265.500 €

3.º Distribución Resto de gastos (RG). (202.583,17 €)

- Año 1= 70% de Resto de gastos = 70% de 202.583,17 € = 141.808,22 €
- Año 2= 30% de Resto de gastos = 30% de 202.583,17 € = 60.774,95 €

4.º Ingresos por ventas. Se producen al finalizar las obras en el mes 18.

- 3 viviendas x 200.000 €/viv. = 600.000 €
- 3 plazas de garaje x 12.000 €/plaza = 36.000 €

5.º Ingresos por alquiler. Hay que tener en cuenta que, según nos indica el enunciado, los precios del alquiler se revalorizarán un 3% anualmente.

- Año 2:
- Viviendas: 1.200 €/viv. mes x 6 viv. x 6 meses = 43.200 €
- Garajes: 300 €/pl. mes x 6 pl. x 6 meses = 10.800 €

Total 54.000 €

- Año 3:
- Viviendas: 1.200 €/viv. mes x 1,03 x 6 viv. x 12 meses = 88.992 €
- Garajes: 300 €/pl. mes x 1,03 x 6 pl. x 12 meses = 22.248 €

Total 111.240 €

- Año 4:
- Viviendas: 1.200 €/v. mes x $1,03^2$ x 6 viv. x 12 meses= 91.661,76 €
- Garajes: 300 €/pl. mes x $1,03^2$ x 6 pl. x 12 meses = 22.915,44 €

Total 114.577 €

… y así sucesivamente.

6.º Gastos Financieros (GF).

a) Cálculo del capital prestado. Según el enunciado, es el 80% del valor de la construcción.

80% de 885.000 € = **708.000 €**

b) Cálculo de los gastos financieros.

liquidación	amortización (con ingresos por alquiler)	préstamo vivo	duración (meses)	intereses
año 1		708.000,00 €	6	19.116,00 €
año 2		708.000,00 €	12	38.232,00 €
año 3	-54.000,00 €	654.000,00 €	12	35.316,00 €
año 4	-111.240,00 €	542.760,00 €	12	29.309,04 €
año 5	-114.577,20 €	428.182,80 €	12	23.121,87 €
año 6	-118.014,52 €	310.168,28 €	12	16.749,09 €
año 7	-121.554,95 €	188.613,33 €	6	5.092,56 €

Total 166.936,56 €

Nota: El promotor amortiza cada año parte del préstamo con los ingresos procedentes del alquiler, mientras que los intereses los paga con sus propios recursos.

- Año 1:
  - Tasación = 72 €/viv. x 9 viv. = 648 €[34]
  - Comisiones = 1,5% del capital prestado
    1,5% de 708.000 € = 10.620 €
  - Interés: I_1 = 708.000 € x $\dfrac{0,054}{12}$ x 6 = 19.116 €
  - Total G F año 1: 648 € + 10.620 € + 19.116 € = **30.384 €**

- Año 2:
  - Interés: I_2 = 708.000 € x $\dfrac{0,054}{12}$ x 12 = 38.232 €

- Año 3:
  Para calcular los intereses generados en el año 3, hay que calcular primero el préstamo vivo, es decir, el capital prestado por el que hay que pagar. Para ello restamos, al capital prestado anterior, la cantidad amortizada

---

[34] Se estima que el coste de tasación de una vivienda sería 72 €, de la misma forma, también estimamos la comisión de apertura y de estudio del préstamo en un 1,5% del capital total solicitado.

procedente de los ingresos por alquiler del año anterior, tal y como se indica en el enunciado del ejercicio. De esta manera:

- Capital prestado = 708.000 € – 54.000 € = 654.000 €
- Interés: I_3= 654.000€ x 0.054 = **35.316€**

- Año 4.
  Se procede como en el año 3.

  - Capital prestado = 654.000 € - 111.240 € = 542.760 €
  - Interés: I_4= 542.760 € x 0.054 = **29.309,04 €**

Y así sucesivamente...

En la siguiente tabla resumen, podemos apreciar la distribución temporal de los gastos e ingresos de la operación. Así mismo en la fila de valores acumulados observamos que en el año 10 el signo de las sumas de los flujos de caja pasa de negativo a ser positivo. Es en este momento cuando se ha amortizado la inversión.

	año 0	año 1	año 2	año 3	año 4	año 5	año 6	año 7	año 8	año 9	año 10
ingresos											
ventas				636.000							
alquiler viv			43.200	88.992	91.662	94.412	97.244	100.161	103.166	106.261	109.449
alquiler garaje			10.800	22.248	22.915	23.603	24.311	25.040	25.792	26.565	27.362
préstamo		708.000									
TOTAL ING	0	708.000	690.000	111.240	114.577	118.015	121.555	125.202	128.958	132.826	136.811
gastos											
CS	400.000										
CC		619.500	265.500								
RG		141.808	60.775								
GF		30.384	38.232	35.316	29.309	23.122	16.749				
amortización				54.000	111.240	114.577	118.015	310.168			
TOTAL GSTS	400.000	791.692	364.507	89.316	140.549	137.699	134.764	310.168	0	0	0
I-G	-400.000	-83.692	325.493	21.924	-25.972	-19.685	-13.209	-184.967	128.958	132.826	136.811
acumulado	-400.000	-483.692	-158.199	-136.275	-162.247	-181.932	-195.140	-380.107	-251.149	-118.323	18.488

Problema 5

A un promotor, un particular le ofrece un solar de 750 m² de superficie al precio de 1.500 €/m²s. El equipo técnico de la empresa realiza las consultas oportunas y obtiene los siguientes datos:

- Se puede construir una planta de garaje y una planta baja para locales ocupando el 100% del solar, así como 4 plantas piso en el 50% del mismo.

- Costes de construcción:
    - Sótano 300 €/m²c.
    - Locales 300 €/m²c.
    - Viviendas 650 €/m²c.

- El resto de gastos (menos los financieros y el solar) se estiman en un 30% de los costes de construcción.

- Precios de venta:
    - 18.000 € por cada plaza de garaje. Estimamos que se puede construir una plaza por cada 30 m²c.
    - Locales 1.500 €/m²c.
    - Viviendas 1.800 €/m²u.

El promotor consigue un préstamo por el 80% del importe total del PEM, que recibirá en tres certificaciones; la primera al inicio de las obras (30%), la siguiente en el mes 6 (40%) y la última en el mes 13 (30%). Las características del préstamo serán las siguientes:

- La liquidación de intereses se producirá cada tres meses, siendo la primera a los tres meses de la primera disposición.

- Tiene 12 meses de carencia.

- Una vez superado el periodo de carencia, el promotor debe amortizar 150.000 € en cada liquidación.

- La duración total del préstamo es de 36 meses.

- El coste del préstamo es del 5% TAE incluyendo todos los gastos.

Se pide:

PREGUNTA 1: Calcular el total de los gastos financieros.

PREGUNTA 2: Calcular la rentabilidad estática del proyecto.

PREGUNTA 3: Cuál será el precio máximo que podrá pagar el promotor al vendedor del suelo si quisiera conseguir una rentabilidad del 30%.

PREGUNTA 4: Calcular el VAN y el TIR de la operación, sabiendo que el coste de oportunidad del promotor es del 20%. La hipótesis de venta que se estima es vender el 20% del total durante el segundo año desde el inicio de las obras (se estima que durará 20 meses) y el resto el año siguiente.

PREGUNTA 5: Un constructor ha realizado una oferta de 1.400.000 € con un beneficio estimado del 12%. Para poder adjudicarse la obra tiene que realizar una baja del 10%. ¿Cuál será el beneficio que obtendría?

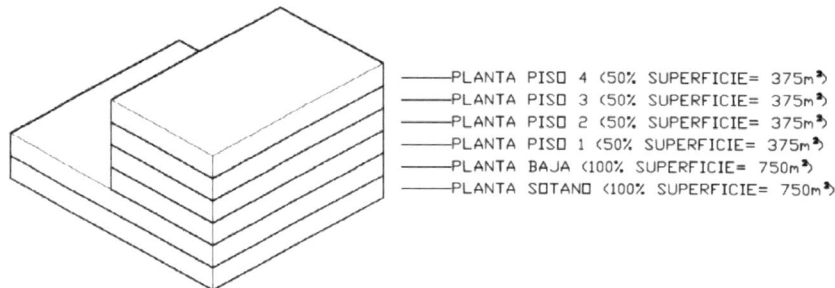

PLANTA PISO 4 (50% SUPERFICIE= 375m²)
PLANTA PISO 3 (50% SUPERFICIE= 375m²)
PLANTA PISO 2 (50% SUPERFICIE= 375m²)
PLANTA PISO 1 (50% SUPERFICIE= 375m²)
PLANTA BAJA (100% SUPERFICIE= 750m²)
PLANTA SOTANO (100% SUPERFICIE= 750m²)

Solución problema 5

Pregunta 1

Para calcular el total de gastos financieros, es necesario calcular el importe del préstamo, que según el enunciado es el 80% del Presupuesto de Ejecución Material (PEM). Debemos por lo tanto averiguar el PEM, en función de los costes de construcción (CC). Estimamos que los gastos generales (GG) ascienden al 13% del PEM y que el Beneficio Industrial (BI) es del 6%.

1.º Esquema temporal de la operación.

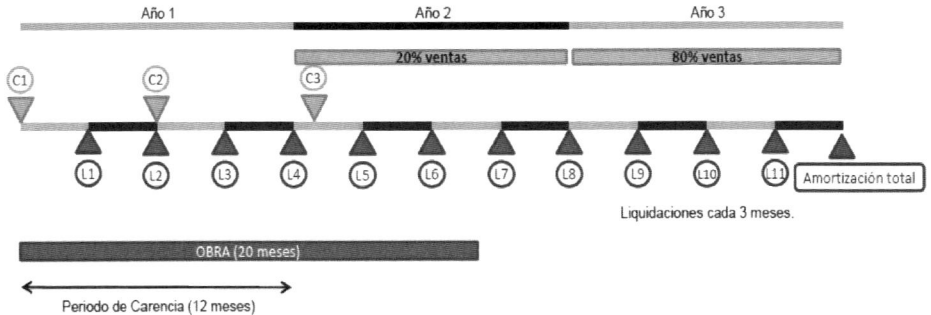

2.º Valor del préstamo. Es el 80% del PEM.

$$CC = GG + BI + PEM = 1,19 \times PEM \rightarrow PEM = \frac{CC}{1,19}$$

2.1) Cálculo de los costes de construcción (CC)
Garajes: 1 planta que ocupa el 100% del solar.

750 m²c x 300 €/m²c = 225.000 €
Locales: 1 planta que ocupa el 100% del solar.
750 m²c x 300 €/m²c = 225.000 €
Viviendas: 4 plantas que ocupan el 50% del solar.
4 plantas x (750 m²c x 50%) x 650 €/m²c = 975.000 €
Total CC: 225.000 + 225.000 + 975.000 = **1.425.000 €**

2.2) Cálculo del PEM a partir de los costes de construcción.

$$PEM = \frac{CC}{1.19} = \frac{1.425.000 \,€}{1.19} = 1.197.479 \,€$$

2.3) Valor del préstamo: 80% PEM.

$$1.197.479 € \times 0,80 = \textbf{957.983,20 €}$$

3.º Cálculo de los gastos financieros (GF).

Los gastos financieros son el sumatorio de los gastos de tasación, las comisiones y los intereses generados.

$$G F = TAS + CA + i$$

En este caso, según el enunciado, los dos primeros van incluidos ya en el interés generado, correspondiente al 5% TAE.

3.1) Se calcula en primer lugar el importe de cada una de las certificaciones.

- Certificación 1: 30% de 957.983,20 € = 287.394,96 € (en el mes 1)
- Certificación 2: 40% de 957.983,20 € = 383.193,28 € (en el mes 6)
- Certificación 3: 30% de 957.983,20 € = 287.394,96 € (en el mes 13)

3.2) Procedemos a calcular el importe de las liquidaciones. Estas serán trimestrales y pasado el periodo de carencia se amortizarán 150.000 € en cada una de ellas.[35]

- L1: $I_1 = 287.394,96 € \times 0,05/12 \times 3$ meses = **3.592,44 €**
- L2: $I_2 = 287.394,96 € \times 0,05/12 \times 3$ meses = **3.592,44 €**
- L3: $I_3 = (287.394,96 + 383.193,28) € \times 0,05/12 \times 3$ meses = **8.382,35 €**
- L4: $I_4 = 670.588,24 € \times 0,05/12 \times 3$ meses = **8.382,35 €**
- L5: $I_{51} = 670.588,24 € \times 0,05/12 \times 1$ mes = **2.794,12 €**
  $I_{52} = (670.588,24 + 287.394,96) € \times 0,05/12 \times 2$ meses = **7.983,19 €**
- L6: $I_6 = (957.983,20 - 150.000) € \times 0,05/12 \times 3$ meses = **10.099,80 €**
- L7: $I_7 = (807.983,20 - 150.000) € \times 0,05/12 \times 3$ meses = **8.224,79 €**
- L8: $I_8 = (657.983,20 - 150.000) € \times 0,05/12 \times 3$ meses = **6.349,79 €**
- L9: $I_9 = (507.983,20 - 150.000) € \times 0,05/12 \times 3$ meses = **4.474,79 €**
- L10: $I_{10} = (357.983,20 - 150.000) € \times 0,05/12 \times 3$ meses = **2.599,79 €**
- L11: $I_{11} = (207.983,20 - 150.000) € \times 0,05/12 \times 3$ meses = **724,79 €**

---

[35] Para el cálculo de intereses ver problemas anteriores.

3.3) Cuadro resumen.

liquidación	préstamo vivo		duración (meses)	intereses	
L1	C1	287.394,96 €	3		3.592,44 €
L2	C1	287.394,96 €	3		3.592,44 €
L3	C1 + C2	670.588,24 €	3		8.382,35 €
L4	C1 + C2	670.588,24 €	3		8.382,35 €
L5	C1 + C2	670.588,24 €	1	2.794,12 €	
	C1+C2+C3	957.983,20 €	2	7.983,19 €	10.777,31 €
L6	C1+C2+C3−150.000	807.983,20 €	3		10.099,80 €
L7	C1+C2+C3−300.000	657.983,20 €	3		8.224,79 €
L8	C1+C2+C3−450.000	507.983,20 €	3		6.349,79 €
L9	C1+C2+C3−600.000	357.983,20 €	3		4.474,79 €
L10	C1+C2+C3−750.000	207.983,20 €	3		2.599,79 €
L11	C1+C2+C3−900.000	57.983,20 €	3		724,79 €
					67.200,64 €

Nota:

Pese a que el préstamo tenía una duración de 36 meses, la amortización total se produce en la liquidación n.º 11 correspondiente al mes 33, es decir, 3 meses antes de la fecha límite pactada con la entidad.

Pregunta 2

Para calcular la rentabilidad estática del proyecto (sin tener en cuenta el paso del tiempo) necesitamos conocer los Ingresos y los Gastos previstos de la operación.

$$Rentabilidad - \frac{Beneficios}{Gastos} \times 100$$

1.º Calculamos los Ingresos estimados.

1.1) Garajes:

- Número de plazas de garaje: 750 m^2c / 30m^2c = 25 plazas
- Ingresos = 25 plazas x 18.000 €/plaza = **450.000 €**

1.2) Locales:

- Ingresos = 750 m^{2}c x 1.500 €/m^{2}c = **1.125.000 €**

1.3) Viviendas:

- m^{2}u = m^{2}c/1,20[36]

Por lo tanto tenemos:

- 4 plantas x 750 m^{2}c x 0.5 = 1.500 m^{2}c
- m^{2}u de viviendas = 1.500 m^{2}c/1,20 = 1.250 m^{2}u
- Ingresos: 1.250 m^{2}u x 1.800 €/m^{2}u = **2.250.000 €**

1.4) Total ingresos:

Ti = I$_{gar}$ + I$_{loc}$ + I$_{viv}$

450.000 € + 1.125.000 € + 2.250.000 € = **3.825.000 €**

2.º Calculamos los Gastos estimados.

2.1) Solar (CS).

- 750 m^{2}s x 1.500 €/m^{2}s = 1.125.000 €
- ITP;Impuesto de transmisión de bienes patrimoniales 7%[37]
  7% de 1.125.000 € = 78.750 €
- CS: **1.203.750 €**

2.2) Costes de construcción (CC).

- Calculados en el apartado 2.1 de la pregunta 1.
  CC = **1.425.000 €**

---

[36] Al estar los precios de venta en m^{2}u necesitamos transformar los m^{2}c en m^{2}u, para ello estimamos un coeficiente de cambio de 1,20.

[37] Según el enunciado, el solar lo vende un particular, por lo tanto se le aplica el impuesto de transmisión de bienes patrimoniales (7%). Si el vendedor fuese una empresa, los impuestos aplicados serían el IVA (16%) y los AJD (1%), de los cuales solo contemplaríamos los AJD, ya que el IVA se desgravaría posteriormente. En algunos estudios se tiene en cuenta el IVA como un gasto y se incluye en el *cash flow* debido a que su elevado importe puede afectar a las previsiones de tesorería de la empresa, teniendo en cuenta también su devolución posterior por parte de Hacienda.

2.3) Gastos financieros (GF).

- Calculados en el apartado 3 de la pregunta 1.
  GF = **67.200,64 €**

2.4) Resto de gastos (RG).

- Se estiman en el 30% de los Costes de Construcción.
  RG = 30% de 1.425.000 € = **427.500 €**

Total Gastos.

TG = CS + CC + G F + RG = **3.123.450,64 €**

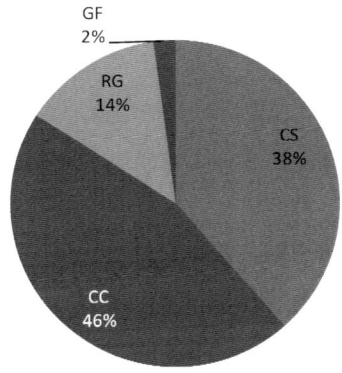

3.º Cálculo de la rentabilidad estática.

$$Rentabilidad \ (\%) = \frac{(Ingresos - Gastos)}{Gastos} \times 100$$

$$Rentabilidad \ (\%) = \frac{(3.825.000 - 3.123.450,64}{3.123.450,64} \times 100 = 22,46 \%$$

22,46 % > 20 % → Es rentable[38]

---

[38] Planteamos que nuestro proyecto sería aceptable en términos económicos cuando su rentabilidad superase el 20%. Es una valoración subjetiva de cada empresa y en cada proyecto, por lo que no hay que tomar este dato como un valor absoluto ni universal.

Pregunta 3

Calcular el precio máximo que el promotor podría pagar por el solar, si quiere obtener una rentabilidad del 30%.

Ingresos = 1,30 x Gastos

Donde: 1,30 = 1 + Rentabilidad deseada (30%)

Ingresos = 1,30 x (CS + CC + GF + RG)

Sabemos que:

- Ingresos = 3.825.000 €
- CC = 1.425.000 €
- GF = 67.200,64 €
- RG = 427.500 €

Por lo tanto despejando "CS" obtendríamos el valor máximo que el promotor puede gastar en la compra del solar.

$$CS = \frac{Ingresos}{1,30} - CC - GF - RG$$

$$CS = \frac{3.825.000\ €}{1,30} - 1.425.000\ € - 67.200\ € - 427.500\ € - 1.022.607\ €$$

Para obtener una rentabilidad del 30%, se debería comprar el solar por un máximo de **1.022.607,05 €,** incluyendo el 7% de ITP.

Así, el promotor podría ofrecer al vendedor un precio máximo de:

$$1.022.607,05 - 7\% = 1.022.607,05 - 71.582,50 = \textbf{951.024,55 €}$$

Pregunta 4

Procedemos al cálculo del VAN y la TIR de la operación planteada en el enunciado.

Desarrollamos una tabla resumen de los ingresos y gastos de la operación localizándolos en cada año donde se producen.

	año 0	año 1	año 2	año 3
ingresos				
ventas			765.000,00 €	3.060.000,00 €
préstamo		670.588,24 €	287.394,96 €	
TOTAL INGRESOS	**0,00 €**	**670.588,24 €**	**1.052.394,96 €**	**3.060.000,00 €**
gastos				
CS	1.203.750,00 €			
CC		855.000,00 €	570.000,00 €	
RG		256.500,00 €	171.000,00 €	
GF		23.949,58 €	35.451,69 €	7.799,37 €
Amortización			600.000,00 €	357.983,20 €
TOTAL GASTOS	**1.203.750,00 €**	**1.135.449,58 €**	**1.376.451,69 €**	**365.782,57 €**
I-G	−1.203.750,00 €	−464.861,34 €	−324.056,73 €	2.694.217,43 €
acumulado	−1.203.750,00 €	−1.668.611,34 €	−1.992.668,07 €	701.549,36 €

Las ventas, según el enunciado, se prevé que se produzcan el 20% durante el segundo año desde el comienzo de las obras, y el resto durante el año siguiente:

Ingresos = 3.825.000 €

- 20% de 3.825.000 € = 765.000 €
- 80% de 3.825.000 € = 3.060.000 €

Los costes de construcción se distribuyen en forma de campana de Gauss. Dado que la obra dura 20 meses, suponemos que el 60% en el año 1 y el 40% en el año 2.

CC = 1.425.000 €

- 60% de 1.425.000 € = 855.000 €

- 40% de 1.425.000 € = 570.000 €

Del mismo modo que los costes de construcción, se distribuyen el resto de gastos.

RG = 427.000 €

- 60% de 427.000 € = 256.500 €
- 40% de 427.000 € = 171.000 €

2.º Cálculo del VAN.

$$VAN = -Io + \frac{Q_1}{(1 + K)} + \frac{Q_2}{(1 + K)^2} + \cdots + \frac{Q_n}{(1 + K)^n}$$

Donde:

- I_o es la inversión inicial necesaria para poner en marcha el proyecto.
- **Qn** son los flujos de caja de cada año (Fila I-G).
- **K** es el coste de oportunidad, tasa de descuento o valor de rentabilidad mínima según el promotor para decidirse a acometer el proyecto. En este caso y según se contempla en el enunciado es del **20%.**

$$VAN = -1.203.750 - \frac{464.861,34}{1,20} - \frac{324.056,73}{1,20^2} + \frac{2.694.217,43}{1,20^3} = -257.020 €$$

El valor negativo del VAN nos indica que, en este proyecto con las hipótesis planteadas, el promotor no alcanzará la rentabilidad establecida del 20%.

3.º Cálculo de la TIR.

Para hallar el TIR se itera el valor "K" en la fórmula del VAN hasta conseguir un resultado de éste lo más próximo a 0 posible, ya que la TIR sería el valor de K que hace que el VAN sea cero.

$$VAN = -1.203.750 - \frac{464.861,34}{(1 + K)} - \frac{324.056,73}{(1 + K)^2} + \frac{2.694.217,43}{(1 + K)^3}$$

Iterando se obtiene que:

k	VAN
15%	-81.519,00 €
14%	-42.354,00 €
13%	-1.688,00 €
12%	40.549,94 €

La expresión del VAN se aproxima a 0 si: 0,12 < K < 0,13
TIR será un valor comprendido entre el 12% y el 13%

Pregunta 5

Presupuesto de Proyecto (PP) = Costes de Construcción (CC) = 1.425.000 €

¿Cuál es el Beneficio Industrial corregido (BI')?

1.º Se calcula el Presupuesto de Estudio corregido (PE'). Para ello se aplica la baja indicada en el enunciado: 10%.

$$PE' = PE - 10\% \text{ de } PE$$
$$PE' = 1.400.000 - 140.000 = \mathbf{1.260.000 \text{ €}}$$

2.º De la siguiente expresión se despeja el BI'

$$\frac{L}{L'} = \frac{c}{c'}$$

Donde:

$$L = \frac{PE}{PP} = \frac{1.400.000 \text{ €}}{1.425.000 \text{ €}} = 0,98$$

$$L' = \frac{PE'}{PP} = \frac{1.260.000 \text{ €}}{1.425.000 \text{ €}} = 0,88$$

$$c = 1 + BI = 1 + 0.12 = 1,12$$
$$c' = 1 + BI'$$

Despejando:

$$\frac{0,98}{0,88} = \frac{1,12}{c'}$$

$$c' \frac{1,12 \times 0,88}{0,98} = 1,0057$$

Por lo tanto el **BI' será del 0,57%.**

Problema 6

Un promotor dispone de una oferta para comprar a un particular un solar sito en una zona céntrica de la ciudad de Alicante. La superficie del mismo es de 1.000 m². En la actualidad, en dicho solar existe una edificación antigua, cuya demolición está presupuestada en 125.000 € incluyendo en dicho precio todos los gastos del mismo. El precio inicial de compra del solar (sin incluir impuestos) es **de 747'9 €/m²/techo edificable sobre rasante.**

Los servicios técnicos del promotor, una vez analizada la información disponible, han obtenido los siguientes datos sobre las posibilidades del solar, pudiéndose construir:

- 2 plantas de sótano ocupando todo el solar, obteniendo 60 plazas de aparcamiento en total.
- Plata baja para locales comerciales ocupando todo el solar.
- Primera planta de oficinas ocupando todo el solar.
- 4 plantas de viviendas de 700 m² cada una, situando 6 viviendas por planta.

Así mismo se ha encargado un estudio de mercado con los siguientes resultados:

- Precio unidad de plaza de garaje independiente 20.000 €.
- Precio locales comerciales 2.500 €/m²u.
- Precio oficinas 1.750 €/m²u.
- Precio viviendas 2.400 €/m²u.

Los costes de construcción son los siguientes:

- En garajes 350 €/m²c
- En locales y oficinas 400 €/m²c
- En viviendas 700 €/m²c

El promotor solicita a una entidad bancaria un préstamo sobre el 60% de los ingresos previstos. El banco efectuará los pagos al promotor según el ritmo previsto de la construcción, en tres certificaciones de igual importe, a los 12, a los 24 y a los 36 meses del inicio de la obra, que estima que será de 24 meses. Deberá devolver el capital prestado en 48 meses, durante ese tiempo solo pagaría intereses. El TAE es del 6%. Las liquidaciones se producirán anualmente.

PREGUNTA 1: Realizar un **Estudio de Viabilidad** completo, indicando los **ingresos** que se espera obtener, los **gastos** de la promoción y los **beneficios** que se obtienen, así como la rentabilidad esperada.

PREGUNTA 2: Calcula el VAN y la TIR de la operación, sabiendo que el promotor estima que vendería el 30% del total de la promoción el tercer año, y el resto en el cuarto.

PREGUNTA 3: ¿Cuál sería el valor máximo que podría pagar el promotor por el suelo, si quiere obtener una rentabilidad del 30%?

PREGUNTA 4: En el mismo caso anterior, el promotor se plantea estudiar la promoción mixta para alquiler con opción a compra; alquilará todas las viviendas y el 50% de las plazas de garaje y sacará a la venta las oficinas y locales y el resto de plazas de aparcamiento.

Los precios mensuales de alquiler se estima serán de 850 €/viv. y de 100 €/plaza de garaje. Debiendo incrementarse los precios conforme lo haga el IPC, que estimamos en un 4% anual. Para poder realizar esta operación, el promotor podría conseguir un préstamo del total de los costes de construcción, que debería devolver a los 6 años desde que obtiene el capital, en este caso todo al inicio de las obras. El coste financiero será del 6,5% anual del capital prestado.

Se estima una ocupación media del 90%. Los inquilinos podrán ejercer la opción a compra a los 10 años. El precio de venta a los 10 años lo estimamos en un 30% superior que el precio inicial, pero el 50% de las cantidades pagadas en concepto de alquiler se descontarán del precio final de venta.

Calcula cuál sería el beneficio y la rentabilidad del promotor a los diez años de haber iniciado la promoción.

Solución problema 6

Esquema temporal de la operación

Pregunta 1:

Estudio de viabilidad

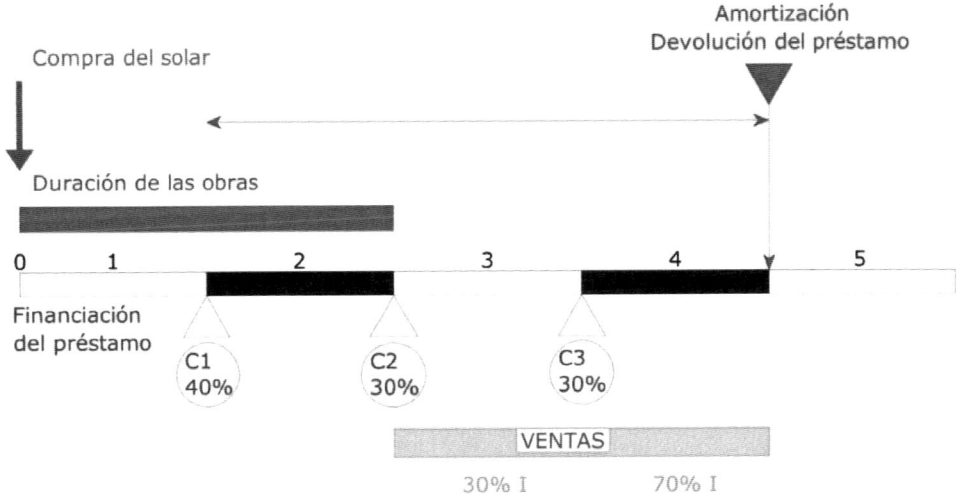

Para la resolución de esta cuestión es necesario calcular tanto los gastos como los ingresos en los que incurriremos en este proyecto.

- **Costes de construcción (CC)**

  Garajes = 350 €/m²c x 2 x 1000 m² = 700.000 €
  Locales = 400 €/m²c x 1000 m² = 400.000 €
  Oficinas = 400 €/m²c x 1000 m² = 400.000 €
  Viviendas = 700 €/m²c x 4 x 700 m² = 1.960.000 €

CC = 3.460.000 €

CC = PEM + 19% PEM
PEM= 2.907.563'02 €

- **Honorarios Técnicos (HT)**

Honorarios de Arquitecto (HT Arq.)

Proyecto Básico	30% del 7% del PEM	61.058,82 €
Proyecto de Ejecución	40% del 7% del PEM	81.411,76 €
Dirección de obra	30% del 7% del PEM	61.058,82 €
TOTAL		**203.520,4 €**

Honorarios de Arquitecto Técnico (HT arq. téc.)

Dirección de Ejecución	Ídem DO Arquitecto	61.058,82 €
Control de Calidad	1% del PEM	29.075,63 €
Seg. y Salud Fase Ej.	2% del PEM	58.151,26 €
TOTAL		**148.285,71 €**

Honorarios Ingenieros

Proyecto y Dirección de Obra	1% del PEM	29.075,63 €
TOTAL		**29.075,63 €**

TOTAL HT = 380.881,74 €

- **Resto de Gastos (RG)**

Debido a la mecánica repetitiva de su cálculo, se agrupan aquí el resto de gastos de promoción a excepción de los financieros.

Gastos Fiscales (GF)	4% del PEM	116.302,52 €
Notaría y Registro (NR)	1% de los CC	34.600 €
Gastos Generales (GG)	4% de los CC	138.400 €
Acometidas (AC)	1% del PEM	29.075,63 €
Seguros (SG)	1% del PEM	29.075,63 €
OCT (OCT)	1% PEM	29.075,63 €
Laboratorios control (LC)	1% de los CC	34.600 €

TOTAL RG = 411.129,41 €

- **Demolición (todos los gastos incluidos): 125.000 €.**
- **Coste del Solar (CS)[39]:** Para calcular el precio del solar, necesitamos saber cuál es el total de m²t:
  - PB= 1000 m²t
  - Oficinas= 1000 m²t
  - Viviendas= 4 x 700 m²t = 2800 m²t
  - TOTAL m²t SOBRE RASANTE = 3800 m²t
  - 747'9 m²/t x 3800 €m²/t = 2.842.010'56 + 7% (ITP)

CS = 3.055.925'33 €.

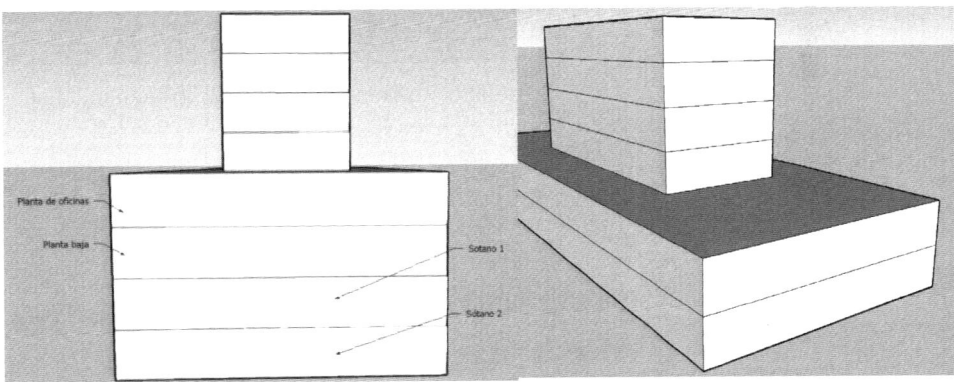

- **Gastos financieros (GF)**

  El promotor ha negociado con una entidad financiera un préstamo que cubre el 60% de los ingresos previstos. Teniendo en cuenta que los pagos se efectuarán a los 12, 24 y a los 36 meses, que el préstamo debe ser devuelto a los 48 meses del inicio de las obras y que el TAE es del 6%, procedemos a calcular los gastos financieros, que se abonarán en cada liquidación.

- Préstamo = 60% ingresos = 10.341.652'5 € x 0'60 = **6.204.991'5 €.**
- Tasación = 72 €/viv. x 24 viviendas = **1.728 €.**
- Comisiones: 1'5%. Capital prestado = 1,5% x 4.757.160 € = **71.357'40 €.**

---

[39] El vendedor es un particular, por lo que el impuesto que aplica es el ITP (7%).

Para el cálculo de los gastos financieros, utilizaremos la siguiente fórmula:

i = K x TAE x T

donde:

K es el capital pendiente de pago (préstamo vivo).

TAE (Tasa Anual Equivalente) es el precio que tenemos que pagar a la entidad financiera por los intereses generados.

T es el tiempo que se ha tenido el dinero prestado.

El cálculo se realiza aplicando la fórmula anterior y teniendo en cuenta cuándo se efectúan los aportes económicos. Así mismo el precio que nos pide la entidad financiera es del 6% TAE, según aparece en el enunciado.

Para el cálculo de la primera certificación, procederemos por tanto de la siguiente forma:

$$i = 2.481.996,6 x 6\% TAE x \frac{12}{12} = 148.919,8$$

año	liquidación	préstamo vivo (capital pendiente de amortizar)	i
1			
2	1	2.481.996,60 €	148.919,80 €
3	2	4.343.494,05 €	260.609,64 €
4	3	6.204.991,50 €	371.299,60 €
			780.829,04 €

GF: tasación + comisión de apertura + intereses

GF = **854.914'34 €.**

Los gastos totales del proyecto serán:

GT = CC + CS + GF + HT + RG + DEM

GT = 3.460.000 € + 3.055.925 € + 854.914 € + 380.881 € + 411.129 € + 125.000 €

GT = 8.287.849 €

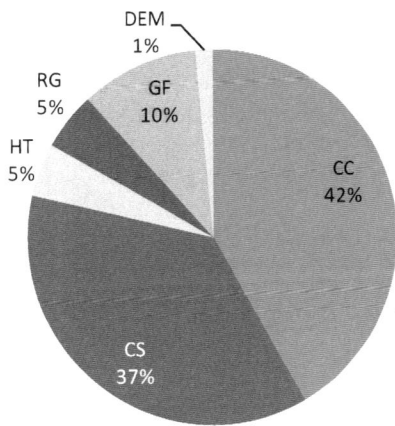

Cálculo de ingresos

Una vez calculados los gastos, procedemos a calcular los **ingresos** según los precios de venta indicados por el Departamento Técnico y Comercial.

(Relación: superficie construida = 1,20 superficie útil)

- Garajes = 20.000 €/ud x 60 ud = 1.200.000 €
- Locales = 2.500 €/m²u x 833'33 m²u= 2.083.325 €
- Oficinas = 1.750 €/m²u x 833'33 m²u = 1.458.327'5 €
- Viviendas = 2.400 €/m²u x 4p x 583'3 m²u = 5.600.000 €

INGRESOS TOTALES = 10.341.652'5 €.

Procedemos al cálculo de la **rentabilidad**; marcamos el 20% como criterio de rentabilidad mínima aceptable para nuestros proyectos.

$$rentabilidad = \frac{INGRESOS - GASTOS}{GASTOS} x.100 > 20\%$$

Cálculo de la rentabilidad: (10.341.652'5 € − 8.287.849€) / 8.287.849€ = 0'25 = 25%

RENTABILIDAD = 25% > 20% LA OPERACIÓN ES VIABLE.

Pregunta 2

Estudio de viabilidad dinámico. Cálculo del VAN y TIR.

Desarrollamos en primer lugar una tabla donde colocamos en el tiempo cuándo se estima que se producirán los ingresos y los gastos de la operación.

		Ingresos	
Año	Ventas	Préstamo	TOTAL
0			
1		2.481.996 $^{40\%}$	2.481.997
2		1.861.497 $^{30\%}$	1.861.497
3	3.102.495 $^{30\%}$	1.861.497 $^{30\%}$	4.963.993
4	7.239.156 $^{70\%}$		7.239.157

			Gastos		
Año	CS	CC	Amortización	GF	TOTAL
0	3.055.925				3.055.925
1		2.18.241,16 $^{50\%}$		73.085	3.254.327
2		2.18.241,16 $^{50\%}$		148.920	2.330.161
3				260.610	260.610
4			6.204.992	372.300	6.577.291

Año	I-G	A C
0	-3.055.925	-3.055.925
1	-772.330	-3.828.256
2	-468.664	-4.296.919
3	4.676.384	379.465
4	681.866	1.061.330

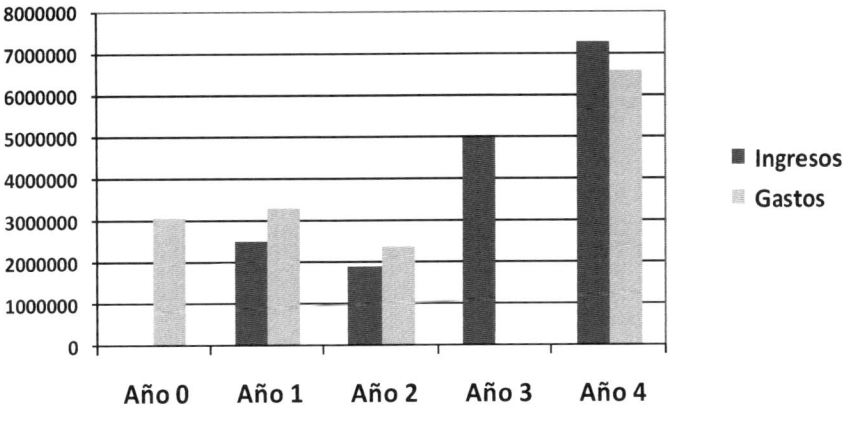

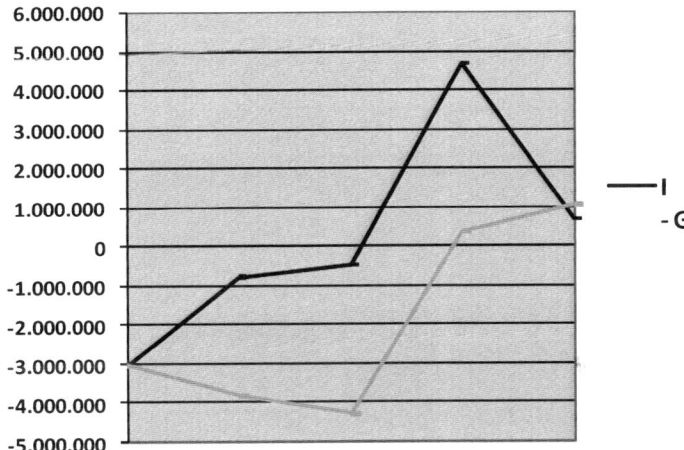

- **VAN:** Para el cálculo del VAN utilizaremos la siguiente fórmula:

$$VAN = -Io + \frac{Q_1}{(1 + K)} + \frac{Q_2}{(1 + K)^2} + \cdots + \frac{Q_n}{(1 + K)^n}$$

Donde:
- I_0 es la inversión inicial necesaria para poner en marcha el proyecto.
- Q_n son los flujos de caja de cada año (columna I-G).
- K es el coste de oportunidad, tasa de descuento o valor de rentabilidad mínima según el promotor para decidirse acometer el proyecto. En este caso y según se contempla en el enunciado es del **20%.**

$$-3.055.925'33 + [\frac{-772.329'96}{(1+0,20)} + \frac{-468.663'5}{(1+0,20)^2} + \frac{4.676.383'5}{(1+0,20)^3} + \frac{681.865'75}{(1+0.20)^4}] =$$

$-1.289.992€$

- **TIR**

Para el **cálculo de la TIR,** se debe iterar valores de k de forma que vayan tendiendo a cero. Así el resultado se daría dentro de un intervalo de valores.

k	VAN
20%	-1.289.922,08 €
10%	-166.209,05 €
8%	-64.872,66 €
7%	150.436,14 €
5%	384.039 €

La TIR estará entre el 7%y el 8%

Pregunta 3

Calcular el precio máximo a pagar por el solar.

Hemos visto que la operación es viable, pero podemos calcular el precio que estamos dispuestos a pagar por el solar con la rentabilidad que queramos conseguir, en este caso sería de un 30%.

I = 1.30 x G

10.341.652,5 € = 1'30 x (CS + 5.217.396,67 €)
CS = 2.737.720,63 €.

Para calcular la oferta que le pasaríamos al vendedor, debemos descontar el 7% de impuestos, ya que en este caso se trata de un particular al que compramos el solar, por tanto la contraoferta que realizaremos al propietario sería de **3.511.070,5 €.**

Pregunta 4

Estudio de viabilidad dinámico con alquiler

Esquema temporal

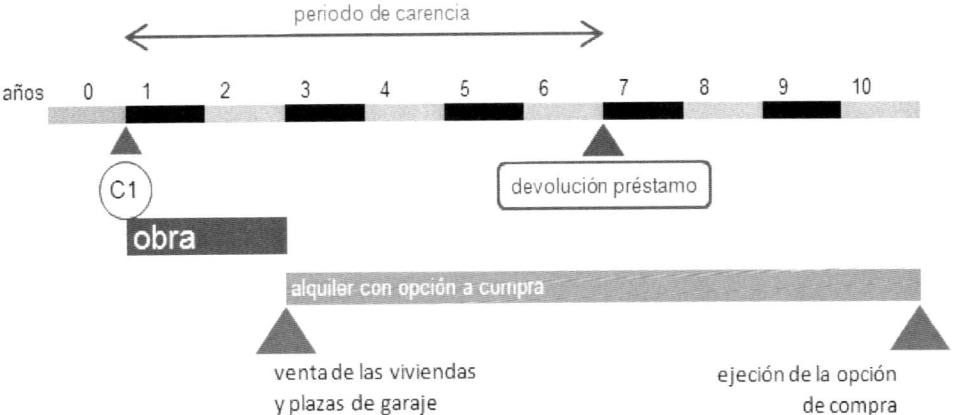

- **Préstamo:** 100% CC = **3.460.000 €**

- **Intereses: 3.460.000** x $\dfrac{0,065}{12}$ x 12 = 224.900 €/año.

- **Alquiler:** ocupación del 90% = Calculamos el total de ingresos y multiplicamos por 0,9.
  - Viviendas: (24 viv. x 850 €/viv. x 12 ms.) x 0.90 = 220.320 €/año + 4% IPC
  - Garajes: 30 Plazas x 100 €/plaza x 12 meses= 36.000 €/año + 4% IPC.

  TOTAL: 256.320 €/año.

- **Venta al final de las obras:**
  - Oficinas: 1.458.327,5 €
  - Locales: 2.083.325 €
  - 50% de las plazas de aparcamiento; 30 ud. x 20.000 € = 600.000 €
    Total ventas = **4.168.652 €**

- **Importe final de las unidades alquiladas:**
  - Precio venta inicial viviendas = 5.600.000 €
  - Precio venta 50% plazas garaje = 600.000 €

Total ventas diferidas = **6.200.000 € + 30% = 8.060.000 €**

A esta cantidad habrá que descontarle el 50% de las cantidades pagadas por los usuarios en concepto de alquiler.

Procedemos a colocar los ingresos y gastos en el tiempo en una tabla:

año	ingresos				
	venta	venta diferida	alquiler	préstamo	total
0					0
1				3.460.000	3.460.000
2	4.168.652		256.320		4.424.972
3			266.573		266.573
4			277.236		277.236
5			288.325		288.325
6			299.858		299.858
7			311.852		311.852
8			324.327		324.327
9			337.300		337.300
10		6.703.709	350.792		7.054.501

2.712.582,09 €

Descontar el 50% del importe de los alquileres pagados

año	gastos					I-G	acumulado
	CS	CC+RG	i	amort	total		
0	3.055.925				3.055.925	-3.055.925	-3.055.925
1		2.615.962	224.900		2.840.862	619.138	-2.436.787
2		2.615.962	224.900		2.840.862	1.584.110	-852.677
3			224.900		224.900	41.673	-811.004
4			224.900		224.900	52.336	-758.668
5			224.900		224.900	63.425	-695.243
6			224.900	3.460.000	3.684.900	-3.385.042	-4.080.285
7					0	311.852	-3.768.433
8					0	324.327	-3.444.106
9					0	337.300	-3.106.807
10					0	7.054.501	3.947.694

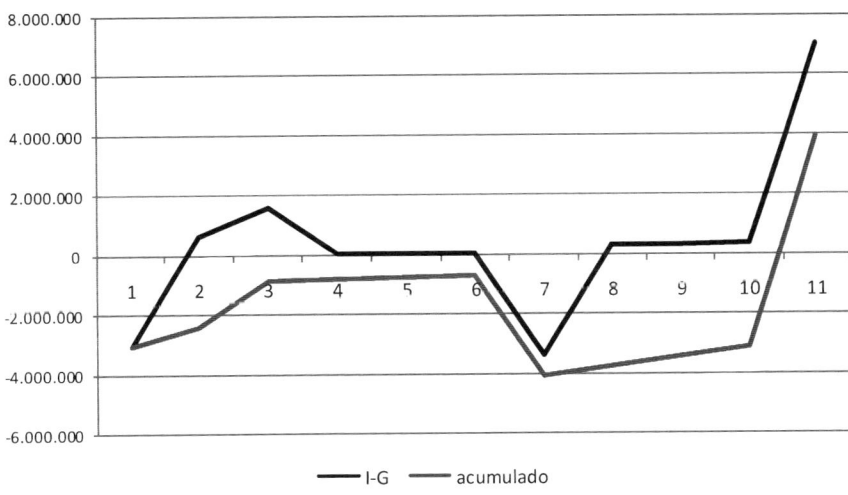

● **TIR**

Para el **cálculo de la TIR,** se deben iterar valores de K en la fórmula del cálculo del VAN de forma que el resultado vaya convergiendo a cero. Así el resultado del TIR se daría dentro de un intervalo de valores.

Tomaremos como tasa de descuento el valor de 20%.

$$VAN = -Io + \frac{Q_1}{(1+K)} + \frac{Q_2}{(1+K)^2} + \cdots + \frac{Q_n}{(1+K)^n}$$

VAN	tasa de descuento
−942.939,24 €	20%
169.066,15 €	**10%**
−549.054,91 €	15%
−170.791,41 €	12%
−11.130,71 €	**11%**

Así el valor de la TIR estaría comprendido entre el 10% y el 11%.

Problema 7

A un promotor, **una empresa de gestión de suelo** le ofrece un solar de su propiedad, situado entre medianeras con las siguientes características:

- 50 m de fachada y 30 de fondo. Dando a dos calles (ver esquema).
- Parámetros urbanísticos:
  - Se pueden construir 2 plantas de sótano, planta baja para locales, 4 plantas tipo y una planta para áticos.
  - Se deben ejecutar dos plazas de garaje por cada vivienda.
  - Retranqueos: 7 m a cada fachada en las plantas piso, pudiendo ocupar toda la planta tanto las plantas de sótanos como la planta baja.
  - Coeficiente de edificabilidad: 3,3 m^2t/m^2s.

El vendedor nos ofrece el solar por **550 €/m²t**. Hay que tener en cuenta que deberemos pagar un 10% más en concepto de honorarios al corredor de suelo.

El objetivo del promotor es el de construir **el mayor número de viviendas de 3 dormitorios**, así una vez los Departamentos Técnico y Comercial de la empresa han estudiado el solar, se parte de los siguientes datos:

- Costes de construcción:
  - Viviendas: 750 €/m^2c.
  - Garajes y locales: 300 €/m^2c.
- Para encajar las viviendas es necesario ejecutar 4 patios interiores de 3 x 4 (no llegan a PB).
- La superficie de las plantas tipo debe ser igual en todas ellas, utilizando la planta áticos como absorbente de las superficies residuales.
- El resto de gastos de la promoción suponen un 30% de los Costes de Construcción.
  - Los ingresos de venta se estiman en:
  - 1.200 €/m^2c para los locales.
  - 12.000 € cada plaza de aparcamiento.
  - 160.000 € por vivienda tipo.
  - 220.000 € por vivienda tipo ático.

Pregunta 1: Número de unidades de plazas de aparcamiento y viviendas por planta y en total, teniendo en cuenta que la superficie mínima debe ser la que marca la HD 91 para viviendas de tres dormitorios (55 m²u). (Relación: superficie construida = 1,20 superficie útil).

Pregunta 2: ¿Qué rentabilidad tendrá la promoción y cuánto deberemos pagar como máximo al vendedor del solar si queremos tener una rentabilidad del 25%, en caso de que éste fuese un particular?

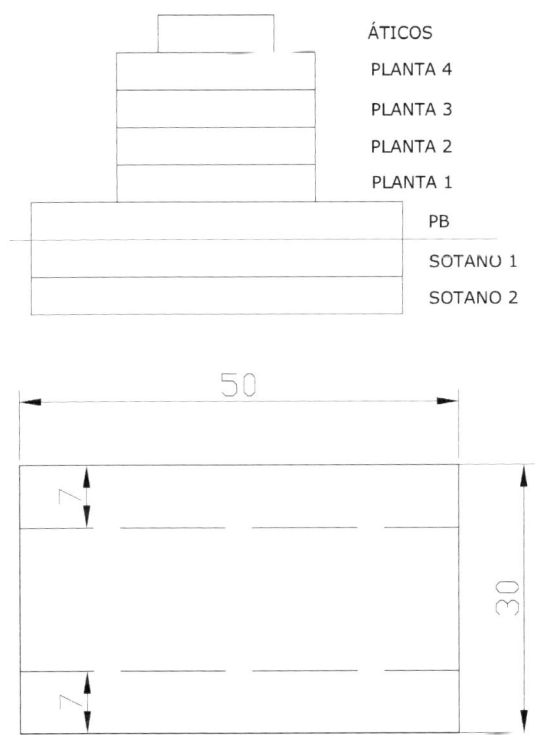

Solución problema 7

Esquema temporal de la operación:

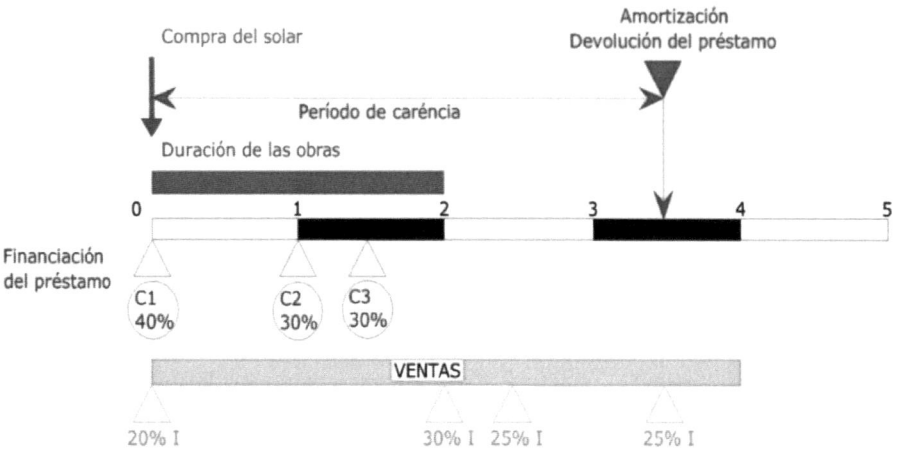

Pregunta 1

Procedemos al encaje arquitectónico de la edificación, teniendo en cuenta las consideraciones marcadas en el enunciado y las superficies mínimas indicadas en la HD-91.

- Vivienda de 3 dormitorios: 55 m^2u
- 4 Patios interiores: 3 x 4 m (según normativa, en el artículo 2.12 servirá para todas las estancias menos para Estar, siendo un patio Tipo 2).
- Con todo esto realizamos el encaje en el terreno de las plantas tipo de viviendas:
  - Superficie[40]: (30 – 2x7) m x 50 = 800 m^2c
  - Descontamos los patios:
    Patios: 4 x (3 x 4) m = 48 m^2c
  - 800 – 48 = 752 m^2c / 66[41] m^2c= 11'39 viviendas.
  - Por tanto, redondeamos a 11 viviendas por planta, lo que totaliza un total de 44 viviendas tipo con una superficie de 56,96 m^2u y 68,36 m^2c cada una.

---

[40] Descontamos los retranqueos.

[41] La superficie mínima que nos indican en la HD91 está expresada en m^2u, así debemos transformarla en m^2c para poder distribuirlas. Tomamos como coeficiente de cambio 1,20 m^2c / 1 m^2u. Entonces 55 m^2u = 1,20 x m^2c = 66 m^2c.

Para calcular la distribución del resto de superficies, descontaremos de la edificabilidad total posible del solar las superficies que ya conocemos y están fijadas.

Edificabilidad[42] = 3,3 m²t/m²s x (50 x 30) m = **4.950 m²t**

Descontamos:

Planta locales = 1.500 m²t

Planta viviendas tipo = 4 plantas x 752 m²t = 3.008 m²t

Por lo que para la planta ático quedará

Planta ático = 4.950 m²t – (3.008 m²t + 1.500 m²t) = 442 m²t

Siguiendo las directrices anteriores, obtendremos 6 viviendas ático de 73,67 m²c (61,38 m²u), quedando el resto de superficie para terrazas.

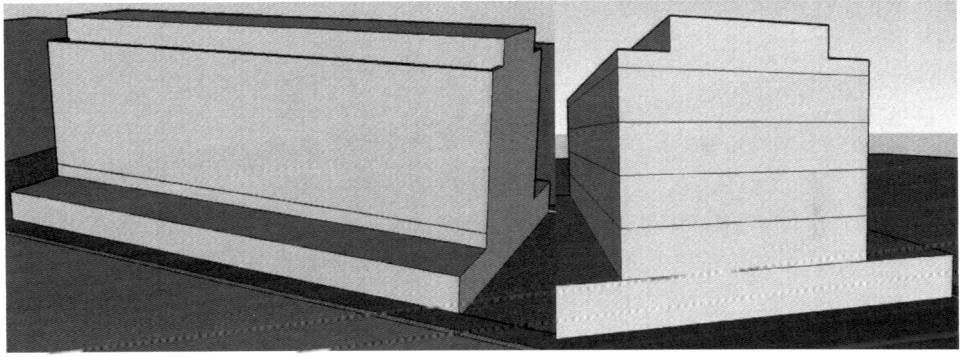

Las superficies totales quedarían como sigue:

- 2 Sótanos: 3.000 m²c. Con 2 plazas por vivienda (44 + 6 = 50) para un total de 100 plazas de aparcamiento.
- Planta Baja de locales: 1.500 m²t.
- Viviendas tipo: 3.008 m²t. 11 viviendas por planta para un total de 44.
- Viviendas ático: 442 m²t. 6 viviendas.

---

[42] La edificabilidad siempre se entiende sobre rasante.

Pregunta 2

Una vez realizado el encaje, vamos a comprobar la viabilidad de la operación calculando su beneficio y rentabilidad, para ello realizaremos una estimación de los ingresos y los gastos.

$$rentabilidad = \frac{BENEFICIOS}{GASTOS} x.100 > 20\%$$

Procedemos a calcular los **ingresos** según los precios de venta indicados por el Departamento Técnico y Comercial.

- Locales= 1.200 €/m²c x 50 m x 30 m = 1.800.000 €.
- Aparcamientos = 100 ud x 12.000 €/P = 1.200.000 €.
- Viviendas tipo = 160.000 €/viv x 44 viv = 7.040.000 €.
- Viviendas ático = 220.000 €/viv x 6 viv = 1.320.000 €.

INGRESOS TOTALES = 11.360.000 €

Seguidamente, procedemos al cálculo de los gastos

- Costes de construcción (CC):

    - Viviendas: 750 €/m²c x (3.008 + 442) = 2.587.500 €.
    - Garajes y locales: 300 €/m²c x (50x30) x 3 plantas= 1.350.000 €.

    CC = 3.937.500 €.

    PEM[43] = 3.308.823 €.

- Resto de Gastos (RG):

    30% CC = 3.937.500 € x 0,30 = **1.181.250 €.**

- Solar (CS):

    550 €/m2t x 4.950 m²t = 2.772.500 € + 10% = **2.994.750 €.**

---

[43] Calculamos el PEM; CC = 1,19 x PEM

Nota:

Al ser una empresa pagamos 1% a IAJD, por lo que el resto, 9%, corresponderá a los honorarios del intermediario de la venta del suelo.

GASTOS TOTALES (GT) = CS + CC + RG = 2.994.750 € + 3.937.500 € + 1.181.250 €

GT = 8.113.500 €

- **Beneficio B.º** = INGRESOS − GASTOS = 11.360.000 € - 8.113.500 € **= 3.246.000 €**

$$rentabilidad = \frac{INGRESOS - GASTOS}{GASTOS} x.100 > 20\%$$

- **RENTABILIDAD = 40,01% > 20%**

Precio máximo a pagar por el solar.

Hemos visto que la operación es viable, pero podemos calcular el precio que estaremos dispuestos a pagar por el solar como máximo de forma que nuestro resultado no baje de la rentabilidad marcada como mínima.

I = 1.25 x G

11.360.000 = 1'25 x (CS + Resto de gastos menos el solar 5.118.750 €)

CS = 3.969.250 €.

En esta cantidad están incluidos los gastos de la compra, por lo que debemos descontar el 7% de ATP (se trata en este caso de un particular el que vende el solar) y el 9% del corredor, por tanto, tendremos que descontar el 16%, si queremos conocer la oferta que podemos hacer al vendedor.

Oferta solar = 3.334.170 €.